Katia Simon

Gendersensible Erziehung und Bildung für die Kita

Die Autorin

Katia Simon studierte Soziologie, Politikwissenschaft, Germanistik und Philosophie. Sie arbeitet seit vielen Jahren redaktionell für Verlage und ist Autorin von Kinder- und Kindersachbüchern sowie Ratgebern mit dem Schwerpunkt „Frühe Kindheit". Sie engagiert sich ehrenamtlich in der Leseförderung.

Frühpädagogische Konzepte praktisch umgesetzt:

Gendersensible Erziehung und Bildung in der Kita

Katia Simon

Cornelsen

Gendersensible Erziehung und Bildung in der Kita
Frühpädagogische Konzept praktisch umgesetzt

Autorin
Katia Simon

Umschlagkonzept
Ungermeyer, grafische Angelegenheiten, Berlin

Umschlagmotiv und Innenillustration
Hände © Eva Speshneva – Shutterstock.com

Lektorat
Melanie Schölzke

Satz und Layout
krauss-verlagsservice, Ederheim/Hürnheim

Druck
AZ Druck und Datentechnik GmbH, Kempten, DE

Verlag an der Ruhr
Mülheim an der Ruhr
www.verlagruhr.de

ISBN 978-3-8346-5270-6

Inhalt

1 Einführung

In der Schildkrötengruppe ist zur Bringzeit heute Morgen viel los. Oskar dreht sich im Kreis, sein eisblaues Prinzessinnenkleid bauscht sich. In der Bauecke stapeln Amy und Sami Bausteine aufeinander. Erzieher Jörn nimmt den Jüngsten der Gruppe entgegen und setzt sich mit ihm auf die Krabbeldecke. Seine Kollegin Sabine sammelt das Frühstücksgeld ein. In der Schildkrötengruppe tut jede und jeder das, was sie oder er mag und am besten kann: Sabine kann gut rechnen, Jörn und der kleine Vincent genießen das morgendliche Ankommen gern gemeinsam mit einem Fingerspiel. Amy und Sami bauen die höchsten Türme und lieben Konstruktionsspiele, während Oskar Kleider mag – und Fußball.

Gendersensibler Umgang miteinander wird in dieser Einrichtung groß geschrieben und so sollte es in allen Kitas sein. Denn für alle Kindertageseinrichtungen ist im „Gemeinsamen Rahmen der Länder für die frühe Bildung in Kindertageseinrichtungen" festgehalten, allen Kindern dieselben Chancen zu bieten, unabhängig von Geschlecht und Herkunft (vgl. Beschluss der Jugendministerkonferenz und der Kultusministerkonferenz 2004: 7). Das fordert pädagogische Fachkräfte dazu auf, ihre Arbeit u.a. unter gendersensiblen Gesichtspunkten zu gestalten.

Der Anspruch an **pädagogische Fachkräfte, gendersensibel zu arbeiten**, spiegelt sich auch **gesamtgesellschaftlich** wider: Im zweiten und dritten Artikel des Grundgesetzes (Recht auf freie Entfaltung der Persönlichkeit sowie Gleichberechtigung von Männern und Frauen) ist er nachzulesen. Im Amsterdamer Vertrag findet sich Entsprechendes für die Europäische Union, um Chancengleichheit für Männer und Frauen umzusetzen.

1.1 Geschlechterbilder im Wandel

In den letzten Jahrzehnten haben sich die gesellschaftlichen, erzieherischen und wissenschaftlichen Vorstellungen über **geschlechtsbezogene Entwicklungen von Kindern** tatsächlich **sehr stark verändert**. Noch in den 1950er- und bis in die 1960er-Jahre hinein waren gesellschaftlich geteilte Ansichten, dass die Kinder vor allem zu Hause von ihren Müttern oder anderen weiblichen Familienmitgliedern betreut werden, Mädchen Kleider bzw. Röcke tragen und mit Puppen spielen, wogegen die Jungen in Hosen auf Bäume klettern und sich die Zeit mit Fußball vertreiben. Heute wird das nicht mehr so gesehen.

Für uns ist es nicht mehr ungewöhnlich, dass Mütter Karriere machen, Väter in Elternzeit gehen, Mädchen Hosen tragen und Fußball spielen oder Männer als Erzieher arbeiten. Wir haben die Geschlechterklischees überwunden, könnte man denken! Aber entspricht das der Wirklichkeit tatsächlich in allen Dimensionen?

Man muss gar nicht weit schauen, da sieht man schnell, wie sehr Unterschiede zwischen Mädchen und Jungen, Frauen und Männern auch im 21. Jahrhundert gemacht und erzeugt werden.

©Branko Devic/Shutterstock.com

Links eine Spielzeugwelt für Mädchen, rechts eine für Jungen. Auch im 21. Jahrhundert sind stereotype Vorstellungen verbreitet.

1.2 Gendermarketing setzt sich durch

Die Konsumgüterindustrie betreibt mit Vollgas Gendermarketing, auch für Kinder. Sie **betont** – oder **kreiert** – so **Verschiedenheiten zwischen Mädchen** und **Jungen**, statt auf Gemeinsamkeiten und Vielfalt zu setzen. Ob bei T-Shirts, Pullovern, Kinderbetten, Schulranzen, Turnschuhen, Fruchtjoghurts und auch in den Regalen der Buchhandlungen – überall gibt es Produkte, die auf Mädchen und Jungen zugeschnitten sind: Rosa, Glitzer, Einhörner und Prinzessinnen auf der einen Seite; Schwarz, Blau, Monster, Autos und Co. auf der anderen. Alles gibt es in zweifacher Ausführung – oft unterscheiden sich nur die Farben und Motive, manchmal variiert aber auch die technische Ausstattung. So werden etwa sportliche Fahrräder mit Monsteraufdrucken speziell für Jungen mit 24 Gängen beworben, während das gemütliche rosafarbene Prinzessinnen-Bike mit drei Gängen auskommt.

Die Marketingleute behaupten: Mädchen und Jungen möchten das so! Blättert man in Werbeprospekten für Kinderspielzeug, stehen Mädchen in Schürze neben rosafarbenen Bügeleisen, während wilde Jungs mit Walkie-Talkies querfeldein unterwegs sind. Jungen werden lässig während einer sportlichen Aktion fotografiert, bei der sie unempfindliche Kleidungsstücke tragen; die Mädchen posieren dagegen in körpernahen, schicken Outfits, die an die erwachsener Frauen erinnern, lächelnd vor der Kamera.

In der Werbung werden Jungen typischerweise sportlich und unerschrocken dargestellt.

Mädchen werden im Marketing oft schick und niedlich abgebildet.

Fragt man in Buchhandlungen, Spielzeugläden, Fahrradgeschäften oder Möbelhäusern nach einem Geschenk für ein Kind, lautet die Gegenfrage nicht selten: „Für einen Jungen oder ein Mädchen?" Ist der Geschmack für Rosa mit Glitzer und für schwarz-grüne Monster mit Fußbällen tatsächlich Teil der biologischen Anlage? **Genderwissenschaftler** und **Biologen** diskutieren darüber und erforschen, welche **Verhaltensweisen** und **Vorlieben** tatsächlich **angeboren** und welche **anerzogen sind**. Hierbei gibt es viele Kontroversen. Aktuell überwiegt die Haltung, dass Umwelt und Erziehung den maßgeblichen Unterschied machen (vgl. Schmiedel 2015: 51).

1.3 Was bestimmt die Interessen der Kinder?

Wie reagieren Kinder auf die stereotypen Produkte? Zu welchen Kleidungsstücken und Spielzeugen greifen sie und welche landen auf ihren Wunschzetteln? Das Interesse und das kindliche Verhalten werden natürlich vom Angebot in den Regalen beeinflusst. Zudem spielt auch eine Rolle, was Kinder bei Gleichaltrigen sehen und was sie bei Erwachsenen beobachten. Eltern, weitere Verwandte, Erzieher*innen und andere erwachsene Personen sind wichtige Vorbilder, denen Kinder nacheifern. So funktioniert Lernen. Es lohnt sich also, als **erwachsene Person den reflektierenden Blick auf sich selbst und die eigenen Handlungen zu werfen**. Welche Kleidungsstücke, Spielzeuge, Wandfarben usw. schlagen wir den Jungen und Mädchen vor? Worauf weisen wir sie hin? Womit beschenken wir sie? Wie gestalten wir die (Kita-)Räume für die Kinder? Wie gehen wir mit den Kindern um?

So modern und aufgeklärt wir uns vielleicht auch fühlen, wir sind geprägt davon, wie wir selbst erzogen wurden. Unser Blick auf die Welt ist von den erwachsenen Personen unserer Kindheit mitbestimmt. All das tragen wir mit uns herum und es fließt in unser Verhalten ein – bewusst oder unbewusst.

Aber wie entkommen wir der stereotypen Genderfalle? Wissen, Reflexion und bewusstes Handeln stehen an erster Stelle, um Änderungen auf individueller Ebene möglich zu machen. Und was ist im Großen ein Lösungsweg? In Bezug auf Spielzeug, Kleidung und Co. würde ein gendersensibles Angebot bedeuten,

Produkte für alle und für jeden Geschmack anzubieten. Das meint, die Produkte nicht in zwei verschiedenen Farben und Varianten in die Regale zu legen, sondern in zwanzig oder noch mehr. Es sollte eine breite Vielfalt geben, aus der jede und jeder das wählen kann, was sie oder ihn am meisten anspricht – ganz unabhängig vom Geschlecht.

Gendersensibilität bezieht sich aber natürlich auf viel mehr als auf Konsumentscheidungen. Doch im Grunde lässt sich dieses **Prinzip der breiten Vielfalt** auf die anderen Bereiche des Lebens übertragen, auch auf den Alltag in der Kita.

1.4 Zu diesem Buch

Aber fangen wir grundsätzlich an und steigen zunächst „an der Basis" ein. In dem nächsten Kapitel, dem zweiten, stellen wir uns daher der allgemeinen Frage, was Gendersensibilität überhaupt bedeutet. Im dritten Kapitel – „Wir machen uns auf den Weg" – werfen wir gemeinsam einen Blick auf die aktuelle Situation der Kitas in Deutschland. Wir machen eine Bestandsaufnahme und betrachten dabei einerseits die generelle Lage, andererseits geht es hier aber auch um eine Reflexion der individuellen Situation in Ihrer Kita. Wie gendersensibel ist Ihre Einrichtung insgesamt? Wie steht es hier um Ihr Team? Und wie um Sie selbst? Das Kapitel schließt mit dem Thema „genderbewusste Sprache". Dabei lernen Sie verschiedene Möglichkeiten kennen, gendersensibel zu formulieren, reflektieren Ihre eigene Sprachverwendung und erhalten Impulse, um gendergerechte Sprache in Ihren Alltag und den Ihrer Kita zu integrieren.

Im vierten Kapitel geht es dann um einen gendersensiblen Alltag in der Kita. Zunächst werfen wir einen Blick auf sieben Bildungsbereiche und die Genderklischees, die sich in ihnen verbergen (können). Im Anschluss an die jeweilige Betrachtung bekommen Sie Impulse, Ideen und Vorschläge für die Gestaltung und die Durchführung gendersensibler Angebote. Dann folgt ein umfangreicher Blick auf die Spielumgebung in der Kita. Es wird hier um die Räume, die Spielbereiche, die Spielmaterialien und die (Bilder-)Bücher in der Einrichtung gehen. Bestandsaufnahmen, Reflexionen sowie Anregungen und Tipps für Neuanschaffungen runden das Kapitel ab.

Das fünfte Kapitel gibt konkrete Praxisanregungen und -materialien für den Kita-Alltag. Hilfreiche Hinweise und Tipps für die Elternarbeit sowie einige ausformulierte Angebote zur Stärkung der Gemeinschaft und der individuellen Wahrnehmung unterstützen Sie auf dem Weg zu mehr Gendersensibilität in Ihrer Einrichtung.

Das abschließende sechste Kapitel behandelt dann Aspekte, die Sie auf dem Weg zu einer gendersensiblen Einrichtung unbedingt beachten sollten. Die eigene Haltung sowie mögliche Stolpersteine und besondere Herausforderungen, wie die ungewollte Reproduktion von Stereotypen oder der Umgang mit sozialen Ungleichheiten, werden hier vorgestellt.

Auf diesem spannenden Weg wünsche ich Ihnen viel Freude und alles Gute,

Katia Simon

2

„Gendersensibilität“ – was bedeutet das eigentlich?

Bevor wir uns auf den Weg machen zu einem gendersensibleren Kita-Alltag legen wir mit diesem Kapitel ein tragfähiges Fundament. Wir klären, worum es eigentlich geht, wenn das Stichwort „Gendersensibilität“ fällt und warum diese für die Entwicklung der uns anvertrauten Kinder so wichtig ist.

2.1 Gender? Genderneutralität? Gendersensibilität?

Werfen wir zunächst einen Blick auf die einzelnen Begriffe, um zu verdeutlichen, worüber wir überhaupt sprechen, und was wir meinen, wenn wir von „Gender“, „Genderneutralität“ oder „Gendersensibilität“ reden.

2.1.1 Was ist eigentlich „Gender“?

Im **englischsprachigen Raum** gibt es zwei Begriffe für das Wort „Geschlecht“: **„gender“** für das **soziale Geschlecht** und **„sex“** für das **biologische Geschlecht.** Diese Unterscheidung ermöglicht es, sich sehr präzise auszudrücken – präziser als im Deutschen. Deshalb übernehmen wir in diesem Buch den Begriff „Gender“ für das soziale Geschlecht. Wenn wir über Gender sprechen, dann meinen wir eine Zuordnung unabhängig von den biologischen Geschlechtsmerkmalen. Diese erfolgt demnach im Hinblick auf **Geschlechtsidentität**, also auf die persönliche Selbstwahrnehmung, das Selbstwertgefühl oder das Rollenverhalten. Die Geschlechtsidentität stimmt nicht immer mit dem biologischen Geschlecht überein.

Gender, das **soziale Geschlecht**, unterliegt seit Jahrtausenden immer wieder Veränderungen. Es ist kulturell von Rollenzuschreibungen, zugewiesenen Eigenschaften, aber auch von der Anerkennung der Anzahl der Geschlechter geprägt. In Deutschland sind seit dem 31.12.2018 offiziell **drei Geschlechter** anerkannt: **männlich, weiblich und divers** (vgl. Bundesministerium des Inneren, für Bau und Heimat 2018). Zudem gibt es die Möglichkeit, den Geschlechtseintrag offen zu lassen. So berücksichtigt das Personenstandsgesetz (PStG) auch Personen, die sich nicht in das binäre Geschlechtssystem einordnen (lassen). Diese Möglichkeit gibt es für intergeschlechtliche Personen, die biologisch weder eindeutig männlich noch weiblich sind. Trans Personen sind davon ausgeschlossen.

2.1.2 Genderneutralität vs. Gendersensibilität

„Gendersensibel" und „gendergerecht" sind zwei Begriffe, die synonym benutzt werden können. Umgangssprachlich ist daneben auch der Begriff „genderneutral" in Bezug auf geschlechtsbezogene Erziehung häufiger zu hören. Aber was ist damit eigentlich gemeint?

Wörtlich genommen bedeutet **genderneutral**, dass man jegliche Geschlechtszuschreibung ignoriert und **alle Menschen in jeder Hinsicht gleich behandelt** – ähnlich wie in dem recht bekannten Cartoon von Hans Traxler, in dem eine Reihe unterschiedlicher Tiere neben einem Baum stehen und die Aufgabe bekommen, den Baum zu erklimmen. Das sei gerecht, weil alle dieselbe Aufgabe erfüllen sollen, heißt es. Schon auf den ersten Blick erkennt der*die Betrachter*in allerdings, dass dem Schimpansen die Aufgabe leichtfallen wird, während der Goldfisch keine Chance hat. Dieselbe Aufgabe ist eben nicht für jeden gleich! Genauso wie mit Aufgaben verhält es sich auch mit anderen Dingen. Nicht alles passt für jede*n, oder? Auf den Umgang mit Kindern könnte man die Botschaft des Cartoons in dem Sinn übertragen, dass man allen dieselben Angebote macht. Dass man ihnen also dieselben Spielzeuge gibt, dieselben

Aufgaben stellt, dieselben Kleidungsstücke anzieht, dieselben Sportarten ans Herz legt, dieselben Bücher vorliest usw. Das wäre neutral – auch bezogen auf den Genderaspekt. Vielleicht mag das gerecht klingen, ist es aber nicht: Die Voraussetzungen, also das, was wir Menschen an Talenten, Eigenschaften und Interessen mitbringen, sind eben nicht bei allen gleich. Wir sind individuell und von Unterschieden geprägt. Genau diese bunte Vielfalt macht uns aus.

Ein wichtiger Aspekt dabei ist auch: **Genderneutralität** ist eine Idee, ein **Theoriekonstrukt**. Eine genderneutrale Wirklichkeit gibt es nicht – es kann sie nicht geben. Dann dürfte es beispielsweise nur genderneutrales Spielmaterial geben, also keines, das den Genderstereotypen entspricht, wie Autos, Puppen usw.

Interessant ist, dass pädagogische Fachkräfte oft beobachten, dass genderneutrale Spielmaterialien, die von den Herstellern weder explizit Mädchen noch Jungen zugeordnet werden, von allen Kindern seltener genutzt werden und am häufigsten in der Ecke landen. Nur in der Theorie sind genderneutrale Spielmaterialien also für die Kinder gleichermaßen interessant. In der Praxis greifen Mädchen aber lieber zu Jungen zugeschriebenen und Jungen zu Mädchen zugeschriebenen Spielzeugen als zu den genderneutralen Materialien. Das ist ein Indiz dafür, dass eine genderneutrale Erziehung nicht der Ausweg aus der Stereotypenfalle sein kann.

Schon bei den kleinsten Kindern ist zu beobachten, dass sie sich nicht genderneutral im Sinne eines weißen, unbeschriebenen Blattes verhalten. Stattdessen suchen sie ihre Spielzeuge gezielt aus, oft nach den klassischen Rollenzuschreibungen, aber nicht immer. Es gibt Expert*innen, die sagen, die Kinder wählen zielgerichtet die Spielmöglichkeiten aus, die zu der Geschlechtskategorie gehören, zu der sie sich selbst zuordnen. Der Grund dafür ist, dass die Kinder sich so darin rückversichern (vgl. Hubrig 2015: 21).

Andere Expert*innen wiederum argumentieren auf gegenteilige Art und sprechen von angeborenen Spielzeugvorlieben, die dann zusätzlich noch von sozialen Einflüssen unterstützt werden (vgl. Herrmann 2017). Sie deuten es also so, dass sich die Kinder intuitiv ihr Spielmaterial auswählen.

Gendersensible – oder **gendergerechte** – **Erziehung** bedeutet im Kontrast zur genderneutralen Erziehung, das jeweilige **Individuum** in seiner **Ganzheit** mit seinen ganz eigenen Talenten, Vorlieben und Wünschen **zu sehen** und entsprechend **zu fördern**. Daraus resultiert, eine Vielfalt an Angeboten, Materialien und Möglichkeiten zu entwickeln statt einer neutralen Lösung, die für alle gelten soll.

EINE GENDERSENSIBLE SPIELUMGEBUNG GESTALTEN

Eine gendersensible Spielumgebung meint einen Ort, an dem allen Kindern ein breites Feld an Auswahlmöglichkeiten in Bezug auf einzelne Aktivitäten, auf Spielmaterial und Spielpartner*innen zur Verfügung steht. Im Kita-Alltag stellt das den Anspruch an die Erzieher*innen, genau hinzuschauen, aufmerksam zu sein und auf die feinen Zwischentöne zu hören, damit sie die Bedürfnisse der Kinder wahrnehmen. Das bedeutet, die Beschäftigung mit Spielmaterial nach traditionellen Rollenzuweisungen zu ermöglichen und den Kindern gleichzeitig auch die Spielbereiche näherzubringen, in denen sie sich normalerweise nicht bewegen, also ihren Radius zu erweitern und ihnen Vielfalt anzubieten. Dies kann geschehen, indem die pädagogischen Fachkräfte den Kindern Angebote machen und Impulse setzen, um Interessen, Talente und Verhaltensweisen auch in bisher unbekannten Bereichen zu erproben und vielleicht zu wecken.

2.2 Rollenklischees und -stereotype in unserem Alltag

Wir können es nicht beiseiteschieben: In unserem Alltag begegnen uns Rollenklischees und -stereotype an jeder Ecke. Die meisten von uns geben diese auch selbst weiter (oft ohne es zu merken oder weil sie es zu spät feststellen), da viele davon einfach zu **tief** in uns **verankert sind**. Manchmal müssen wir auch ganz genau hinschauen, um Rollenklischees und -stereotype zu bemerken. Hinter Stichworten wie „Rollenverteilungen", „Frauenquote", „Benachteiligung von Jungen in unserem Bildungssystem" und „Rollenverteilung in Familien" verstecken sich Rollenklischees und -stereotype besonders gern.

2.2.1 Die Klischeefalle lauert überall

Auch als pädagogische Fachkraft lässt es sich im privaten wie im beruflichen Rahmen nicht immer vermeiden, in die Klischeefalle zu tappen. Wie schnell entschlüpft uns selbst mal ein Gedanke oder eine Aussage aus der Kategorie „Klischeekiste"? Sei es, dass wir Mädchen besonders für ein hübsches Kleid loben oder einen Jungen für seinen Mut. Oder dass wir erwarten, dass Jungen logisch denken, wild und laut und Mädchen emotional, sozial und empathisch sind. Oder dass wir im Krankheitsfall eines Kindes automatisiert die Mutter anrufen und nicht erwägen, den Vater zu kontaktieren. Oder dass wir davon ausgehen, dass Mädchen mehr Lust auf ein Bastelangebot haben als die Jungen oder dass eine Kollegin geeigneter ist, ein U3-Kind zu betreuen als ein Kollege. Überprüfen Sie Ihre eigene Einstellung doch gleich einmal beispielhaft mit einem kleinen Klischeetest. Sie brauchen dafür nur ein Blatt Papier und einen Stift:

MACHEN SIE EINEN KLEINEN KLISCHEETEST!

Vervollständigen Sie die folgenden Sätze auf einem separaten Blatt und schreiben Sie los, **ohne nachzudenken**. Bringen Sie für jeden Satz einige Varianten zu Papier:

Männer sind ______________________________.

Frauen sind ______________________________.

Mütter sind ______________________________.

Väter sind ______________________________.

Jungen sind ______________________________.

Mädchen sind ______________________________.

Wie viele Gedanken haben Sie notiert? Reflektieren Sie: Wie viele Rollenklischees und -stereotype sind dabei? Dass solche auf der Liste stehen, ist ziemlich sicher. Wenn Sie wirklich aus dem Bauch heraus und ohne nachzudenken losgeschrieben haben, wäre das Gegenteil viel ungewöhnlicher. Also, empfinden Sie deshalb bitte keine Scham!

Wir alle haben **Rollenklischees internalisiert**, weil wir sie in unserem Leben von klein auf oft genug gehört haben und sie in uns ganz tief eingeprägt sind. Wenn wir nicht aufpassen, bahnen sie sich wieder ihren Weg in unser Bewusstsein und springen hervor. Auch wenn wir uns persönlich schon auf einen ganz anderen Weg gemacht haben und uns aktuell in unserem sozialen Umfeld vor allem in einer sogenannten „Bubble", einer Blase, mit Personen befinden, die sich bewusst reflektiert und gendersensibel verhalten, entsprechende Bücher lesen und auch andere Medien bewusst konsumieren, sind wir nicht vor stereotypen Gedanken gewappnet. Diese Klischees prägen leider unsere Welt – und manche Bereiche davon scheinbar mehr als je zuvor. Denken wir nur noch einmal an Spielzeug und Kleidung für Kinder. Gendermarketing ist ein neues Phänomen. Die Konsumwelt für Kinder war nie so pink und blau wie jetzt (siehe auch S. 11) – noch vor wenigen Jahrzehnten gab es das nicht in dieser extremen Form.

Ein wichtiger Schritt, sich selbst von Klischees zu lösen, besteht darin, diese genau anzuschauen. So nimmt man ihnen ihre Macht und sich selbst zugleich die Angst davor. Schnell stellt sich heraus, dass das Problematische an Klischees ist, dass sie Schablonen sind, die Personen wie Erwartungen übergestülpt werden, ohne die individuellen Aspekte der einzelnen Menschen zu berücksichtigen.

2.2.2 Wiederholungen prägen sich ein

Es wurde schon dargestellt, aber es kann eigentlich nicht oft genug gesagt werden: **Genderklischees** und **-stereotype** sind einfach überall, sie haben allein durch ihre **Präsenz** eine große **Macht** und bringen eine enorme Wirksamkeit mit sich.

Wenn wir an der Bushaltestelle stehen und auf die aufgehängten Plakate schauen, können uns die Stereotype und Klischees begegnen; ebenso wenn unser Blick an der Supermarktkasse zum Zeitschriftenregal wandert; in Gesprächen, die wir mitbekommen, und in Unterhaltungen, an denen wir selbst beteiligt sind; in Begegnungen mit Personen aus unserer Herkunftsfamilie; wenn wir beim Fernsehen an einem Film oder einer Serie hängen bleiben usw.

Bei all dem laufen wir Gefahr, auf Rollenstereotype und -klischees hereinzufallen und uns selbst und andere unterbewusst in diese starren Schablonen zu pressen.

Pädagogische Fachkräfte bewegen sich in einem Feld, in dem sie regelmäßig Kontakt zu Personen (z. B. Eltern von Kita-Kindern) pflegen, die in ihren Familien traditionelle Rollenbilder leben, ob aus religiös-kulturellen, persönlichen oder tradierten Gründen. Hier ist auf der einen Seite dann natürlich ein sensibler, respektvoller Umgang mit den Personen gefragt, aber auf der anderen Seite gleichzeitig auch eine persönliche, innere Abgrenzung gegen diese Einstellungen.

Bei Kindern, die in **Familien** mit starken **genderstereotypen Ansichten** aufwachsen, kann man feststellen, dass diese Ansichten Auswirkungen auf deren **Selbstbild** und auch auf die **Fähigkeiten** haben. Werden Aussagen wie „Mädchen spielen lieber mit Puppen" oder „Jungs sind wild" oftmals vor den Kindern wiederholt, prägen sich diese tief bei ihnen ein. Diese Glaubenssätze werden für die Kinder irgendwann ihre Realität.

Auch wir Erwachsenen können uns ja meist noch sehr genau an die eingrenzenden und meist negativen Glaubenssätze und Vorurteile erinnern, wenn unsere Kindheit durch solche Äußerungen geprägt war. Oft sind diese auch in unserem heutigen Leben wirksam. Ein konkretes Beispiel: Ein besonders beliebter Glaubenssatz lautet, „Mädchen können kein Mathe!" Dieser führt nicht selten dazu, dass Mädchen sich in der Schule in Mathe tatsächlich schwertun. Im Inneren führen sie nämlich permanent einen Kampf gegen diesen Glaubenssatz, während sie im Außen in der Schule sitzen und versuchen, die Aufgaben zu lösen. Eine unglaubliche Zusatzlast. Wie sollen beide gleichzeitig geschultert werden?

2.2.3 Kinder bringen die Stereotype mit in die Kita

Auch auf sozialer Ebene kommen internalisierte Rollenstereotype zum Ausdruck, indem Kinder in der Kita das reproduzieren, was sie zu Hause gehört und gelernt haben. Es ist nur natürlich, dass sie den Blickwinkel und die **Meinung** ihrer **Erziehungsberechtigten** übernehmen. Wir alle wissen ja, dass

Kinder am effektivsten durch Nachahmung lernen. Das geschieht auch in Bezug auf die Genderklischees. Wenn beispielsweise ein Junge in der Gruppe einen rosafarbenen Pullover oder einen Rock trägt bzw. mit Puppen spielt, ist es gut möglich, dass er deshalb von einzelnen Kindern gehänselt und aufgezogen wird. Die Kinder tun dies, weil sie diese Einstellung von ihren Bezugspersonen übernommen haben, nicht, weil diese Gedanken von ihnen selbst stammen.

Das ändert nur leider nichts an den geäußerten Gedanken, Worten und der Wirkung, die das Gesagte auf die anderen Kinder hat. Hier ist von Ihnen als Erzieher*in ein sensibler Umgang gefragt, der weder die entsprechenden Eltern in ein schlechtes Licht rückt – was das betreffende Kind bzw. die Kinder beschämen könnte – noch der Gruppe signalisiert, dass diese Aussagen und Verhaltensweisen richtig sind. Ihr Fingerspitzengefühl ist dann gefordert.

2.2.4 Mädchen scheinen es leichter zu haben

In Bezug auf Mädchen und Rollenklischees hat sich in den letzten Jahrzehnten – maßgeblich durch die Feminismusbewegung – ein Aspekt stark zum Positiven verändert: Die **Erwartungen** an **Mädchen** haben sich **gewandelt**. Es wundert sich kaum noch jemand mehr oder bewertet es negativ, wenn Mädchen Hosen tragen, wilde Sportarten ausüben oder bestmögliche Bildung erhalten und selbstbewusst ihre eigenen Interessen vertreten.

Bei Jungen hingegen sieht es anders aus, erklärt der Journalist Nils Pickert. Ihnen werden weiterhin zumeist stereotype Klischees zugeschrieben. „‚Richtige' Jungs sind stark, sportlich und wild" (vgl. Pickert 2020a: 7 ff.), heißt es etwa oder: „Jungs weinen doch nicht." Solche Zuschreibungen sind zumeist normativ: Jungen haben so zu sein. Das wird von ihnen erwartet. Emotionale, sensible und weiche Seiten entsprechen demgemäß dann nicht den Erwartungen dieser Erwachsenen, und sie reagieren irritiert, wenn sie diese Emotionen bei Jungen wahrnehmen. Noch mehr bringt es sie durcheinander, wenn gar Wünsche nach Ballettunterricht, Einhornbüchern oder Glitzerhaarspangen an sie herangetragen werden. Was macht das mit den Jungen, die mit diesen Erwartungen und Bewertungen konfrontiert werden? Es schürt Unsicherheiten, es verletzt, es verankert diese Klischees tief im Inneren dieser Kinder.

Klischees vertreten natürlich nicht alle Erwachsenen. Und die, die es tun, handeln eigentlich in der Regel mit besten Absichten und im Glauben, das Kind auf diese Weise positiv zu unterstützen – auch wenn das Gegenteil der Fall ist. Denn wenn die **Jungen** spüren, dass ihre Wünsche, Handlungen oder Bedürfnisse auf Ablehnung stoßen, unterdrücken sie sie daraufhin. Die Folge ist dann, dass die Kinder, oberflächlich betrachtet, den erwarteten Rollenklischees vielleicht nachkommen. Doch **tiefer** schlummern bei ihnen **weit mehr Interessen, Emotionen und Talente**. Die sind bei den einen für immer begraben, bei den anderen dagegen brodelt es im Inneren gefährlich, was die Emotionslage angeht. Dann kann es an anderer Stelle knallen.

2.3 Alle tragen nur noch Grau und Beige? – Was bedeutet gendersensible Erziehung?

Wenn pädagogische Fachkräfte über ihre Arbeit berichten und Außenstehenden erzählen, dass für sie Gendersensibilität in der Bildung und Erziehung eine große Rolle spielt, werden sie ab und an mit flapsigen Fragen konfrontiert, wie „Ach, dann tragen bei euch alle nur noch Grau und Beige?", „Dürfen die Kinder dann überhaupt Fußball spielen?" Alternativ erkundigt man sich auch gern, ob noch Prinzessinnen- oder Mutter-Vater-Kind-Spiele erlaubt seien. Nicht selten gehen die Anmerkungen auch in die Richtung: „Müssen dann alle dasselbe spielen?"

Dahinter steckt natürlich der Vorwurf, dass die Kinder nicht mehr mit klassischen Geschlechtszuschreibungen in Kontakt kommen dürfen. In dieser Vorstellung dürften Mädchen und Jungen keinesfalls mit „Mädchen-" bzw. „Jungenspielzeug" spielen, sie alle sollten Kleidung tragen, die weder blau noch rosa ist. Am Ende sind nicht nur sämtliche Unterschiede verschwunden, sondern alle Ausdrucksmöglichkeiten und Spiele wurden neutralisiert, gleichgemacht. Es schwingt mit, dass den Kindern etwas aufgezwungen wird.

In dieser Sache herrscht aber ein riesengroßes Missverständnis vor! Wie bereits erläutert, ist **Genderneutralität weder Ziel noch Lösung** oder überhaupt **umsetzbar** (siehe S. 17). Gerade darum geht es ja nicht.

2.3.1 Die zweite Welle der Frauenbewegung vs. heute

Gendersensible bzw. gendergerechte Erziehung bedeutet keinesfalls, alle Kinder mit denselben Materialien, Impulsen und Ideen zu versorgen und somit genderneutral zu agieren. Es sollen auch keine Rollen getauscht oder aneinander angeglichen werden. Während der zweiten Welle der Frauenbewegung (1970er- und 1980er-Jahre) wurde der Fokus allerdings tatsächlich in dieser Art gelegt. Damals bedeutete Gleichstellung beispielsweise einen **Berufetausch**: Frauen nahmen typische Männerberufe an, wie Automechanikerin oder Schweißerin, während Männer Erzieher oder Hausmänner wurden. Das galt als modern und emanzipiert und spiegelte sich auch in den Kindergärten wieder. Damals entwickelten sich Konzepte wie „Verkehrte Welt", die geschlechtertypisches Rollenlernen vermeiden sollten. Jungen wurden damals zielgerichtet in die Puppenecke geschickt und Mädchen auf den Bauteppich.

Heute ist die Sichtweise eine andere. Zumindest ein bisschen. Denn niemand soll einen Beruf ausüben, den er oder sie nicht haben möchte. Niemand soll mit einem Spielzeug spielen müssen, das nicht ihren bzw. seinen Interessen entspricht. Und niemand soll Kleidung tragen müssen, die ihr oder ihm nicht gefällt. Aber jede und jeder soll die Arbeit ergreifen dürfen, das Spielzeug nutzen oder die Kleider anziehen, die sie bzw. ihn interessiert.

Statt der Verkehrung der Rollen gilt es **heute**, **Vielfalt vorzuleben** und **anzubieten**. So soll den Kindern ein Spektrum an Rollenverhalten gezeigt werden, aus dem sie frei wählen können.

Zentral in den 1980er-Jahren war der **Begriff der „Koedukation"**. Dahinter stand eine Strategie der gemeinsamen Bildung und Erziehung von Jungen und Mädchen mit dem Fokus auf Gleichbehandlung. Vielerorts ist dieses Prinzip nach wie vor noch Programm. Aber ist dieser Ansatz auch heute wirklich noch aktuell?

2.3.2 Verschiedenartigkeit schätzen und bewahren

Gendersensibilität bedeutet, sehr wohl zu bemerken, dass Jungen und Mädchen sowie Kinder mit nichtbinären Geschlechtsidentitäten unterschiedlich sind. Und genau so sollten sie betrachtet und respektiert werden. Gendersensible Erziehung meint, die Verschiedenartigkeit der Kinder zu sehen und zu bewahren – und vor allem, jedem Kind dieselben Chancen und Möglichkeiten der Entwicklung und Entfaltung einzuräumen. Für die pädagogischen Fachkräfte in ihrem Alltag in den Einrichtungen heißt das vor allem, genau hinzuschauen und eigenes Verhalten zu reflektieren. Welche Erwartungen haben denn die Erzieher*innen – auch unbewusst – an die Kinder? Welche – vielleicht verborgenen – Rollenzuschreibungen und vielleicht auch Vorurteile sind präsent?

Nichtbinäre Geschlechtsidentitäten: Biologen haben inzwischen anerkannt, dass eine Zweiteilung des Geschlechts nicht ausreichend ist. Dies ist an Variationen bei den Geschlechtschromosomen ablesbar. Auch intergeschlechtliche (nicht eindeutig einem Geschlecht zuordenbare) und transidente (nicht mit dem biologischen Geschlecht einverstandene) Personen sind in diesem Kontext zu erwähnen.

Allen Kindern sollten Freiräume für individuelle Bedürfnisse geschaffen werden, um sie ganzheitlich zu fördern. Wenn sich ein Kind für ein **Thema interessiert**, sollte es darin **unterstützt** und **bestärkt**, statt darin bewertet werden. Neugier sollte erkannt, aufgegriffen und mit zielgerichteten Angeboten und Freiräumen angeregt und begleitet werden.

Im Grunde ist das sogar der einfachere Weg. Andersherum ist es deutlich schwerer, wenn nicht sogar unmöglich: Kinder für ein Thema oder ein Interesse zu begeistern, das sie einfach nicht anspricht, ist zäh und wenig bis gar nicht erfolgversprechend. Das wissen Erzieher*innen natürlich zur Genüge aus dem Alltag.

2.3.3 Klischees und Interessen unterscheiden

Zur gendersensiblen Erziehung gehört zwingend, einengende Klischees von Neugier zu unterscheiden sowie von Interesse und Vorlieben. Solche einengenden Klischees kennen wir alle aus unseren persönlichen Lebensgeschichten. Und an die Kitas werden sie nicht selten zusätzlich von außen herangetragen, etwa durch Eltern, die sie reproduzieren.

Wenn es darum geht, **Klischees entgegenzusteuern, dann ist Sensibilität gefragt**. Es gilt, die jeweiligen Kinder zu ermutigen und zu unterstützen, auch Seiten von sich zu zeigen, die den traditionellen Vorstellungen von „typisch Mädchen“ bzw. „typisch Junge“ nicht entsprechen – selbst wenn es den Kindern zu Hause ganz anders vorgelebt wird und andere Erwartungen an sie herangetragen werden. Gleichzeitig ist es natürlich selbstverständlich, dass sich das nicht ins Gegenteil verkehren darf und Kindern die rollen- und klischeetypischen Spiele und Themen verwehrt werden: dass Mädchen etwa Prinzessin und Jungen Fußball spielen. Wenn das gelingt, werden die Kinder in all ihren bestehenden Interessen und Fähigkeiten bestärkt und letztlich in ihrer Persönlichkeitsentwicklung umfänglich gefördert.

2.4 Gleichwertig statt gleichgemacht – Warum ist gendersensible Erziehung im Elementarbereich so wichtig?

Die meisten Kinder kommen in Kindertageseinrichtungen zum ersten Mal mit (größeren) Gruppen in Kontakt. Sie bekommen hier die Möglichkeit, zu erfahren, wie es ist, Teil einer Gruppe zu sein. Hand in Hand geht damit auch einher, dass sie herausfinden, wie man sich als Einzelperson gegen eine Einheit abgrenzt. Nur durch diese lebenspraktischen Erfahrungen ist es den Kindern möglich, eine **eigene Identität** und auch eine **Gruppenidentität zu entwickeln**.

Dies bezieht sich auch auf eine **geschlechtsbezogene Gruppenidentität**: Kinder lernen ab einem Alter von etwa drei Jahren, sich selbst eindeutig einem biologischen Geschlecht zuzuordnen und auch die anderen Kinder so zu kategorisieren. Sie begreifen in diesem Alter, dass sie ihr Geschlecht nicht wechseln können. Glauben bis dahin Kinder durchaus, dass sie vielleicht später noch ein Junge oder ein Mädchen werden, wird ihnen jetzt bewusst, dass dies festge-

legt ist (Geschlechtskonstanz). Nun werden Rollenvorbilder sowie Grenzen und Möglichkeiten des sozialen Geschlechts spannend: Die Kinder beobachten andere Kinder und die Erwachsenen in ihrem Verhalten und orientieren sich an ihnen (vgl. Schnerring, Verlan 2014: 50f.). Deshalb ist es für die pädagogischen Fachkräfte besonders wichtig, reflektiert zu handeln und sich der eigenen Vorbildunktion bewusst zu sein.

In dieser Phase spielen Mädchen häufig lieber mit Mädchen und Jungen lieber mit Jungen und suchen nach gemeinsamen Interessen und Vorlieben, die miteinander verbinden und gleichzeitig gegen „die anderen" abgrenzen. Die Interessen der Mädchen- und Jungengruppen bewegen sich auseinander und wir beobachten sogar regelrechte Abgrenzungsrituale, die die Gruppen nach innen stärken. Während viele Jungen gern in größeren Gruppen wilde und laute Spiele spielen, sich begeistert im Außenbereich bewegen, klettern und mit Fahrzeugen beschäftigen, bevorzugen viele Mädchen das Spiel in kleinerem Rahmen zu zweit oder zu dritt in ruhigeren Settings. Auch Rivalität und Kräftemessen spielen bei ihnen eine untergeordnete Rolle. Einige Jungen hingegen lieben gerade diese und zeigen seltener Interesse an Beschäftigungen, bei denen feinmotorische Fähigkeiten gefragt sind (wie Fädelspiele oder Bastelarbeiten). Erstaunlicherweise ist es phasenweise so, dass Mädchen und Jungen einander sogar zielgerichtet aus Spielen ausschließen und das mit der Geschlechtszugehörigkeit begründen („Bei uns dürfen nur Mädchen/Jungen mitspielen!") (vgl. Schnerring, Verlan 2014: 49ff.).

2.4.1 Soziale Interaktionen beobachten und inspirieren

Die Unterschiede zwischen Mädchen und Jungen beobachten wir also vor allem in Bezug auf soziale Interaktion. Es ist dann allerdings nicht der Lösungsweg, daraus zu schließen, dass Mädchen bzw. Jungen eben einfach **so** seien und wir sie doch dann auch bitte einfach lassen und nicht stören sollten (obwohl das vielleicht der naheliegendste Gedanke ist). Natürlich lassen wir den Mädchen und Jungen ihre Spiele und ihre Zusammenschlüsse, doch zusätzlich können wir diese durch weitere Impulse ergänzen und bereichern.

Spielerisch gezielt platzierte pädagogische **Angebote**, die Mädchen und Jungen gleichermaßen einbeziehen (z. B. Bewegungsspiele, Kreativprojekte, Ausflüge), können die individuelle Entwicklung der Kinder unterstützen und ergänzen sowie die Bildungsprozesse in der Kita beeinflussen. Schließlich sind soziale Interaktionen mit und emotionale Beziehungen zu anderen Menschen die wichtigsten Einflüsse, wenn es darum geht, Neues zu lernen.

In der Kita haben Erzieher*innen die **Chance**, sich bei der **genderbezogenen Entwicklung der Kinder zu positionieren**. Das gilt sowohl hinsichtlich ihres persönlichen Selbstverständnisses als auch in ihrer erzieherischen Haltung. In der Konsequenz bedeutet es, dass die Erzieher*innen die Vielfalt wertschätzen, sie als etwas Positives betrachten, stärken und pädagogisch nutzen. Dabei sollte der Blick der Erzieher*innen jederzeit sowohl auf die Kinder als Mitglieder einer Gendergruppe gerichtet sein als auch auf jedes einzelne Kind in seiner eigenen Individualität – mit den eigenen Talenten, Interessen und Stärken. Das Ziel besteht darin, es allen Kindern zu ermöglichen, eine eigene Identität auszubilden bzw. sie auf ihrem Weg dorthin zu unterstützen und zu begleiten. Das kann bedeuten, die neugierigen Blicke eines Jungen in Richtung der Verkleidungskiste mit dem Prinzessinnenkleid wahrzunehmen, und ihn zu ermuntern, sich doch ein Kostüm auszusuchen. Oder die Mädchengruppe, die am liebsten die Puppenecke unsicher macht, mal an den Experimentiertisch einzuladen, um sie für naturwissenschaftliche Phänomene zu begeistern. Aber auch die Faszination eines Mädchens für Gesang und Tanz zu bemerken und im Elterngespräch eine Anregung zur Teilnahme am Kindertanzkurs zu geben.

So können die Möglichkeiten aller Kinder erweitert, das Vertrauen der Kinder in die eigenen Fähigkeiten unterstützt sowie selbstständiges Handeln, Denken und Lernen gefördert werden. Zugegebenermaßen ist das eine wirklich anspruchsvolle, aber auch eine sehr schöne Aufgabe. Die Beobachtung vieler wunderbarer Entwicklungsschritte ist ein Geschenk!

2.4.2 Kinder suchen sich „Role Models“

Der Weg, Kinder bei der Ausbildung ihrer ganz eigenen Individualität zu unterstützen, ist nicht immer leicht: Neben der genauen Beobachtung der Bedürfnisse der Kinder in der Gruppe ist auch eine Reflexion der eigenen Sozialisation dafür unerlässlich. Achtung, Falle! Unbewusst und unbeabsichtigt fördern pädagogische Fachkräfte manchmal nämlich rollentypisches Verhalten bei Kindern. Andere Potenziale gehen dann leicht unter und geraten aus dem Blick. Hinzu kommt ein großer Druck auf das eigene Verhalten: **Erzieher*innen** sind im Alltag immer auch **Vorbilder für die Kinder** – neben deren eigenen Eltern. Mädchen und Jungen beobachten andere, ältere Kinder und auch Erwachsene als Rollenmodelle, also „Role Models“. Sie orientieren sich so in der eigenen Identitätsentwicklung, indem sie eigene Wünsche und Fähigkeiten mit dem, was sie beobachten, abgleichen. Deshalb stellt die Reflexion des eigenen Verhaltens und der eigenen Werte der pädagogischen Fachkräfte eine wichtige Basis dar.

Jungen erfahren, was Vorbilder angeht, häufig einen **Nachteil**: Die Zahl der Erzieherinnen ist nach wie vor höher als die der Erzieher, auch wenn der Trend ein positiver ist. Innerhalb der letzten zehn Jahre hat sich der Anteil der Erzieher in Kindertageseinrichtungen verdreifacht (vgl. Statista Research Department 2021), liegt aber immer noch unterhalb der Zehn-Prozent-Marke. Wir sind also weit davon entfernt, in jeder Kita-Gruppe eine männliche pädagogische Fachkraft anzutreffen. Häufig lässt sich beobachten, dass sich Mädchen deshalb stärker an ihre weiblichen Bezugserzieherinnen binden, als die Jungen das tun. Die haben es schwerer, ein „Role Model“ für sich zu ermitteln, und suchen deshalb nach anderen Möglichkeiten der Identifikation – etwa außerhalb der Kita, in Form von älteren Geschwistern oder Freunden, dem eigenen Vater natürlich, einem Onkel oder sogar unter fiktiven Figuren.

Insgesamt ist es für die Entwicklung der Kinder wichtig, sowohl weibliche als auch männliche Bezugspersonen zu haben – **gegengeschlechtliche wie gleichgeschlechtliche Vorbilder**. Für die eigene Identifikation ist natürlich vor allem der Kontakt mit den gleichgeschlechtlichen Vorbildern wichtig. Bei manchen Jungen ist das jedoch nicht so einfach gegeben und ihnen fehlen diese. Je nach Konstellation in der Familie – etwa zwanzig Prozent aller Kinder leben in Einelternfamilien, meist bei der Mutter und viele von ihnen haben keinen oder nur eingeschränkten Kontakt zum Vater – wäre ein männliches Rollenvorbild in der Kita zur Identifikation besonders wichtig. Eine Steigerung der Anzahl der Männer in frühpädagogischen Berufen bleibt also weiterhin ein wichtiges Ziel!

2.4.3 Teamreflexion als wichtiges Tool

Reflexion ist auch auf (Klein-)Teamebene ein wichtiger Teil des gendersensiblen Weges. Ein genauer Blick hier kann dabei helfen, Fallstricke – in Form versehentlich reproduzierter **Geschlechterklischees – frühzeitig zu enttarnen:** Wie sind die (Lieblings-)Tätigkeiten im Einrichtungsalltag unter den pädagogischen Fachkräften – Männern und Frauen – denn aufgeteilt? Ein kritischer Blick ist hier hilfreich. Werden die Erzieher gerufen, wenn etwas repariert, getragen oder sonst wie geregelt werden muss? Übernehmen Erzieherinnen hingegen tendenziell Aufgaben, die traditionell Frauen zugeschrieben werden? Wer besorgt z. B. die Geburtstagsgeschenke für die Kita-Kinder und die Kolleg*innen im Team? Wer bastelt die Geburtstagskronen und wer gestaltet die Aushänge am Infobrett besonders hübsch? Hier sollte nichts beschönigt werden! Ganz nebenbei können pädagogische Fachkräfte an diesen Stellen die Geschlechterrollen erweitern, ihre eigenen Verhaltensmuster überprüfen und vielleicht (sanfte) Verhaltensänderungen anstoßen. Der Einfluss dieser Dinge – mögen sie auch noch so klein sein – auf die ihnen anvertrauten Kinder ist groß. Die Jungen und Mädchen werden sie wahrnehmen.

3 Wir machen uns auf den Weg

Bei der Lektüre der beiden ersten Kapitel ist vermutlich eines besonders klar geworden: Es darf sich noch einiges ändern und es gibt viel zu tun! Aber vorab: Wenn wir uns aufmachen, einen (neuen) Weg zu beschreiten oder einen bereits bekannten zu überprüfen und zu stärken – in welchem Bereich auch immer das geschieht –, geht es zu Beginn fast allen so, dass sie den Wald vor lauter Bäumen nicht sehen. Wir wissen, dass wir an allen Enden anfangen könnten und wollten. Und natürlich auch, dass wir gleich alles perfekt umsetzen möchten. Das wird nicht funktionieren und ist zugleich damit sehr demotivierend.

Deshalb möchte ich mich hier an die Autorin Kajsa Wahlström halten. Die erfahrene schwedische Kita-Leiterin entwickelte vor über zwanzig Jahren gemeinsam mit den Teams zweier Kitas eine Gleichstellungspädagogik für die Kinder und Erzieher*innen von Kindertagesstätten in Schweden. Über den Prozess, die eigene Kita geschlechtergerecht(er) zu gestalten, berichtete sie, dass dabei das Wichtigste sei, **positiv zu bleiben** – auch bei eigenen negativen Gefühlen – und **einfach mal anzufangen**, statt lange über den perfekten Plan nachzugrübeln. Ferner ging es darum, sich nicht von Problemen aufhalten zu lassen, sich Tag für Tag vorzunehmen, es für heute einfach mal besser zu machen und die Möglichkeiten der Kinder zu erweitern (vgl. Wahlström 2013: 10)! So geht es Schritt für Schritt voran. Das klingt gut, oder?

Schritt für Schritt, so werden wir im Folgenden auch vorgehen. Zunächst stellen Sie sich die Frage: Wo stehen wir jetzt eigentlich? Wir schauen dabei darauf, welche gesetzlichen Grundlagen es für gendersensible Bildung und Erziehung in Kitas überhaupt gibt. Denn diese sind ja Grundlage für die Arbeit in den Einrichtungen. Anschließend erfolgt in diesem Kapitel eine Analyse der aktuellen Situation in Kindertageseinrichtungen in Bezug auf Genderthemen, bevor der Blick dann reflektierend zur eigenen Einrichtung hin wandert. Wie stellt sich die aktuelle Situation in unserer Kita denn wirklich dar – jenseits der persönlichen und individuellen Wahrnehmung? Die Bestandsaufnahme bringt das ans Licht. Hier schauen wir uns zunächst das große Ganze an, nämlich die gesamte Einrichtung. Anschließend betrachten wir einige Aspekte, die nur das Kleinteam bzw. Gruppenteam betreffen, um danach uns selbst und unsere Einstellungen zu reflektieren.

3.1 Die rechtlichen Grundlagen gendersensibler Pädagogik

Wie wir vorn im Buch bereits erfahren haben, sind im „Grundgesetz der Bundesrepublik Deutschland" die freie Entfaltung der Persönlichkeit und die Gleichberechtigung verankert (siehe S. 9). Im „Gemeinsamen Rahmen der Länder für die frühe Bildung in Kindertageseinrichtungen" ist uneingeschränkte Chancengleichheit festgelegt worden (siehe S. 9) und die Europäische Union hat im „Amsterdamer Vertrag" sehr zukunftsweisend das Prinzip des „Gender Mainstreaming" geregelt. Das klingt erst einmal sehr gut. Doch was steckt genau dahinter und was bedeutet das für die praktische Arbeit in Kindertageseinrichtungen?

3.1.1 Was ist „Gender Mainstreaming"?

Der Begriff „Gender Mainstreaming" stammt ursprünglich aus der Frauenbewegung. Ihm vorausgehend gab es die Feststellung, dass eine spezielle Frauenförderung nicht dazu beiträgt, eine Geschlechtergerechtigkeit herzustellen, sondern eher künstlich eine Blase erzeugt. Gender Mainstreaming bedeutet, die Geschlechterfrage zu einem allgemeingültigen Prinzip zu machen, das alle anderen Themen begleitet und omnipräsent ist.

Gender Mainstreaming ist inzwischen eine **europaweite Strategie**, die in viele Bereiche des Lebens hineinreicht. Allgemein formuliert, verfolgt diese Strategie das Ziel, die Gleichstellung der Geschlechter zu verwirklichen – sie bezieht sich dabei auf die politische Ebene, aber auch auf alle Ebenen der Verwaltung. Das bedeutet, dass die Frage der Chancengleichheit überall – bei allen Entscheidungen, Ausschreibungen, Aufgaben, Angeboten usw. – in Politik und Verwaltung vorab und auch rückblickend in Auswertungen berücksichtigt werden **muss.** Die Gleichstellung von Männern und Frauen bzw. Mädchen und Jungen soll so überall präsent sein und gefördert werden. Und dort, wo Ungleichheit herrscht, soll diese derart beseitigt werden.

Mit dem **Amsterdamer Vertrag** (1999 dritte umfassende Reform der europäischen Verträge) hat die EU eine wichtige Rechtsgrundlage geschaffen, um u.a. Chancengleichheit und Gleichbehandlung an möglichst vielen Stellen im System zu sichern. Dabei geht es beispielsweise um die Besetzung von Stellen.

3.1.2 Gegen Diskriminierung und für Chancengleichheit

In Deutschland wurde, auf die bisherigen rechtlichen Grundlagen aufbauend, 2006 das AGG (**Allgemeines Gleichbehandlungsgesetz**) erlassen. Das Gesetz bezieht sich nicht nur, aber auch auf die Gleichberechtigung von Mann und Frau. Es wird kurz gefasst Antidiskriminierungsgesetz genannt und damit ist eigentlich das Wesentliche dazu gesagt: Es geht um die Verhinderung von Diskriminierungen aufgrund von Rasse, Herkunft, Geschlecht, Religion, Weltanschauung, Behinderung, Alter oder sexueller Identität, unter anderem im Zusammenhang mit Arbeitsverhältnissen – besonders in dem Kontext ist es vielen Menschen bekannt.

Auch in zahlreichen anderen Gesetzen, wie dem „**Kinder- und Jugendhilfegesetz**" (1991) oder dem baden-württembergischen „**Chancengleichheitsgesetz**" (2005), wurden Gleichberechtigung und Chancengleichheit von Mann und Frau festgelegt. Diese dienen Kindertageseinrichtungen, z.B. als Grundlage, um gendersensible Erziehung und Bildung in den Konzeptionen zu

verankern. Die Gesetze waren für Kitas der Anlass, ihr pädagogisches Profil im Hinblick auf die Förderung von Gleichberechtigung, den Abbau von Benachteiligungen, die Entwicklung von partnerschaftlichen Geschlechterperspektiven sowie auf Prävention zu prüfen.

Vielfalt hat viele Namen – neben dem Gender Mainstreaming haben sich in den letzten Jahren weitere Konzepte durchgesetzt, die den Aspekt der Gleichstellung im Blick haben. Hier sind vor allem die Begriffe „**Diversität**" und „**Inklusion**" zentral. Unter beidem wird weitaus mehr eingeordnet als die Chancengleichheit für Mädchen und Jungen. Sie sind ungleich weiter gefasst:

„**Diversität**" hat vor allem die ethnischen Aspekte, Herkunft, Sprache, Alter, kulturelle, soziale und sozioökonomische Hintergründe im Blick. Individuelle Einschränkungen, wie Behinderungen und die Genderunterschiede, kamen hinzu.

Das Konzept der „**Inklusion**" bezog sich zunächst als Weiterentwicklung des Begriffes „Integration" auf Kinder mit Behinderungen, die Zugang zu Regel-Kitas und Regel-Schulen bekommen sollten. Inzwischen hat sich das Konzept erweitert und hat die Gemeinschaft aller – unabhängig aller Unterschiede – zum Ziel. Dahinter steht der Gedanke, dass die bunte Gemeinschaft für jeden von Vorteil ist und einen Mehrwert bietet (vgl. Rohrmann, Wanzeck-Sielert 2018: 33).

3.2 Die aktuelle Situation in Kindertageseinrichtungen, in der Gesellschaft und in der Familie

Wie sieht es denn in Ihrer Einrichtung in Bezug auf die geschlechtsbezogenen Fakten aus? Wie viele Erzieherinnen und wie viele Erzieher gibt es bei Ihnen im Team? Vermutlich sind es deutlich mehr Frauen als Männer, denn bundesweit lag der Anteil der männlichen pädagogischen Fachkräfte in Kindertagesstätten 2019 bei etwa sieben Prozent (vgl. Bundesagentur für Arbeit 2020). Dabei

werden Auszubildende, FSJler und Bufdis mitgerechnet. „Inzwischen" muss man dazu sagen, denn 2010 lag diese Zahl noch bei knapp über vier Prozent.

3.2.1 Männer in Kitas haben es nicht leicht

Trotz des gegenwärtig geringen Anteils an Erziehern kann erfreulicherweise beobachtet werden, dass sich tendenziell **jüngere Männer** immer mehr dafür interessieren, als pädagogische Fachkräfte in Kindertageseinrichtungen zu arbeiten. Allerdings vollzieht sich dieser Wandel sehr, sehr langsam. Was sind die Gründe dafür? Tatsächlich wird es Männern schwer gemacht, in den Beruf einzusteigen, und sie erfahren sozialen Gegenwind, wenn sie sich dafür entscheiden. Nach wie vor sind die stereotypen Geschlechterbilder, die eine nach Geschlechtern getrennte Arbeitsteilung nach sich ziehen, ein Hauptgrund dafür, dass die Situation sich so darstellt. Gesellschaftlich wird die Erziehung vor allem kleiner Kinder immer noch den Frauen zugeordnet und Männern oft gar nicht zugetraut. Hinzu kommt, dass der Beruf der Erzieherin bzw. des Erziehers sozial eine geringere Wertschätzung erfährt und auch im Vergleich zu anderen (auch pädagogischen) Berufen deutlich schlechter bezahlt wird. Frühkindliche Bildung und Erziehung gilt nach wie vor unberechtigterweise häufig als wenig anspruchsvoll.

Eine Gesellschaft, in der nach wie vor eine **drastische Einkommensungleichheit** zwischen Männern und Frauen besteht („Gender-Pay-Gap") verhindert, dass sich mehr Männer dafür entscheiden, als Erzieher in Kindertageseinrichtungen zu arbeiten. Denn Männer werden häufig noch als (Haupt-) Ernährer der Familien wahrgenommen bzw. dieser Anspruch wird an sie gestellt. All dies wirkt sich auch auf den Alltag in der Einrichtung und vor allem auf die individuellen Bildungs- und Entwicklungssituationen der Jungen und Mädchen aus: Während Mädchen tatsächlich zahlreiche weibliche Vorbilder und Identifikationspersonen im Kita-Alltag vorfinden, sind die Jungen hier klar benachteiligt. Das hat unbestreitbar Folgen – wenn sie auch nicht so stark sind, wie oft vermutet.

Gibt es Gendergleichheit in der Gesellschaft? Zweifellos hat sich viel bewegt: Gender-Studies und Co. sind seit vielen Jahren in der Wissenschaft fest verankert; Frauenquoten sind üblich; der moderne Feminismus (dritte Welle) erlebt in den letzten Jahren einen großen Aufschwung; Elternzeit zu nehmen, wird auch für junge Väter möglich und ist erwünscht usw. Und dennoch: Die Unterscheidung nach Geschlechtern und die Ungleichheit ist in unserer Gesellschaft noch sehr präsent.

Es sind zumeist Frauen, die in sogenannten – schlecht bezahlten – Frauenberufen arbeiten (Pflegeberufe, Einzelhandel, pädagogische Fachkräfte etc.). Frauen sind sehr viel häufiger als Männer in Teilzeit tätig, kümmern sich vielfach mehr um Haushalt und Kinder und tragen den sogenannten „Mental Load" („Mental Load" meint alle organisatorischen und planerischen Aspekte rund um die Familie, also Haushalt und Kinder). Machtpositionen in Politik und Wirtschaft sind hingegen nach wie vor zum Großteil von Männern besetzt. Diese verfügen insgesamt auch über mehr Vermögen und sind im Alter besser abgesichert. Durch die Summe der Aspekte ergibt sich eine soziale Ungleichheit und eine Geschlechterhierarchie, in der Männer bevorzugt sind (vgl. Rohrmann, Wanzeck-Sielert 2018: 37).

Gleichzeitig gibt es aber zahlreiche Entwicklungen, die auch wiederum einen gänzlich anderen Kurs markieren: Frauen besetzen immer mehr politisch und wirtschaftlich relevante Positionen – denken wir nur mal an unsere Bundeskanzlerin Angela Merkel – und Jungen haben nachgewiesenermaßen Nachteile in der Struktur des deutschen Bildungswesens (vgl. Mocker 2015). Sie sind häufiger von Krankheiten, Behinderungen und Entwicklungsstörungen betroffen und die geschlechtergerechte Sprache hat Einzug in offizielle Dokumente, in Bücher, sogar in den Rechtschreibduden usw. gefunden. Dies alles führt dazu, dass sich vor allem junge Frauen oft nicht (mehr) benachteiligt fühlen.

Zu beachten ist allerdings, dass sich dieses Gefühl aber oft ändert, wenn die Frauen Mütter geworden sind. Dann spüren sie beispielsweise Nachteile

beim Wiedereinstieg in den Beruf, finden sich innerfamiliär plötzlich in einer überraschenden Schieflage in Bezug auf Gleichberechtigung und Finanzen wieder und reiben sich am Ende nicht selten doch zwischen Haushalt, Kindern, Beruf und persönlichen Bedürfnissen auf. Und nicht zu vergessen: Während sie sich mit all dem auseinandersetzen, sinken ihre Rentenansprüche und Karriereaussichten stetig.

Auch Männer leiden unter den bestehenden Strukturen und unter dem Idealbild des starken, kompetenten Mannes, das ihnen beruflichen Erfolg, Souveränität usw. abverlangt. Männer, die diese gesellschaftlichen Erwartungen nicht erfüllen können oder wollen, werden nach wie vor oft nicht ernst genommen, nicht als „richtiger Kerl" betrachtet, zum Teil sogar belächelt.

3.2.2 Geschlechtergerechtigkeit in Kindertageseinrichtungen

Obwohl Geschlechtergerechtigkeit in Institutionen gesetzlich verankert ist und aktiv gefördert werden soll, geschieht das (noch) nicht flächendeckend. Das betrifft viele Bereiche – auch die Kitas. Nicht selten sind nach wie vor Koedukation (siehe S. 24) und die Vermeidung genderspezifischer Themen sehr präsent in Kindertageseinrichtungen. Beispielsweise werden Jungen und Mädchen genau dieselben Angebote gemacht, reine Mädchen- oder Jungengruppen bei der Arbeit an Projekten aufgelöst bzw. zusammengelegt oder die Räume in neutralen Farben und mit möglichst neutralen Spielmaterialien ausgestattet. Dadurch wird leider genau das verhindert, was das eigentliche Ziel ist: Gleichberechtigung und Chancengleichheit. Denn so wird statt Vielfalt Genderneutralität gefördert. Und das bezieht sich auf ganz viele Bereiche – Raumkonzepte, thematische Vielfalt allgemein, Angebotskonzeption und vieles mehr. Es gibt sogar zahlreiche elementarpädagogische Konzepte, die den Genderaspekt gar nicht berücksichtigen. Er wird in dem Fall erst dann relevant, wenn es zu Schwierigkeiten der Kinder untereinander kommt – etwa bei Grenzüberschreitungen oder bei gewaltvollen Gruppendynamiken unter Jungen. Hinter all dem steckt – natürlich – keine böse Absicht der Beteiligten und Verantwortlichen, sondern vielmehr die Tatsache, dass **Gender nicht** als **Bil-**

dungsaspekt, sondern als **Kategorie für Differenzierung** betrachtet wird, also genau wie Herkunft, Alter oder Religion bewertet wird.

Im Blickfeld der alltäglichen Bildung und Erziehung sind stattdessen andere Themen, die auf den Nägeln brennen, wie die Balance zwischen individueller Förderung und Gruppendynamiken. Und tatsächlich könnte man ja vermuten, dass es ausreicht, die Kinder individuell zu fördern und zu unterstützen und dass auf diesem Weg automatisch – quasi „in einem Aufwasch" – auch gleichzeitig noch der Aspekt „Gender" mit einbezogen wird. Doch das ist nicht der Fall! Im Gegenteil: Genderbezogene Aspekte werden häufig bei individuellen Entwicklungsdefiziten oder familiären Schwierigkeiten nicht berücksichtigt (vgl. Neubauer 2013: 10ff.).

Das Thema „Gender" ist aber in einem bestimmten Kontext im Rahmen der frühen Bildung sehr wohl zentral. Nämlich dann, wenn es um Bildungsstudien geht. In der weltweiten PISA- und der deutschlandweiten IGLU-Studie (Internationale Grundschul-Lese-Untersuchung, internationale Bezeichnung ist PIRLS – Progress in International Reading Literacy Study) wird der Aspekt „Geschlecht" differenziert und die Ergebnisse belegen, dass Jungen massive Nachteile im deutschen Bildungssystem haben. Sie können regelrecht als „Verlierer" bezeichnet werden. Mädchen hingegen werden – im Schulalter – durch zahlreiche fördernde Programme oder Aktionen bzw. gezielte Förderungen in Bezug auf MINT-Fächer unterstützt. Hier gibt es ein klares Engagement dafür, ihre zukünftigen Berufschancen zu erhöhen und sie zu ermutigen, auch typische Männerberufe zu ergreifen, falls sie ihren Neigungen entsprechen.

3.3 Reflexion – Gendersensibilität in Ihrer Einrichtung

Wie vorn im Buch erläutert, ist rechtlich und in vielen Konzeptionen festgeschrieben, dass Bildung und Erziehung in Kindertageseinrichtungen allen Kindern dieselben Chancen bieten müssen – unabhängig von ihrer Herkunft und ihrem Geschlecht. Aber wird das denn so auch in der Praxis umgesetzt? Es lohnt sich, einen Realitätscheck zu machen und dabei ehrlich zu sein. In diesem Abschnitt widmen wir uns deshalb der Frage: Wie genderbewusst ist Ihre Ein-

richtung denn wirklich? Das zu reflektieren und zu analysieren, um den Status quo zu bestimmen, ist ein notwendiger erster Schritt auf dem Weg zu einer Einrichtung, die ihre Kinder gendersensibel bildet und erzieht.

Auf den nächsten Seiten richtet sich die Aufmerksamkeit vom Großen ins Kleine: zunächst auf die Einrichtung im Allgemeinen. Dabei geht es beispielsweise um die Gestaltung der Räume und deren Ausstattung sowie um die Elternarbeit. Anschließend betrachten wir das Kleinteam Ihrer Gruppe. Welche Haltung haben die Mitarbeiter*innen? Wie aktuell ist ihr Wissen in Bezug auf die pädagogische Forschung? Welche Tätigkeiten übernehmen die Erzieher*innen? Wie und was spielen die Gruppenkinder? Welche konkreten Angebote machen die pädagogischen Fachkräfte welchen Kindern und Kleingruppen? Das sind einige der Fragen, um die es auf den folgenden Seiten gehen wird.

Abschließend gehen Sie eine persönliche Reflexion an und fragen sich beispielsweise: Wo stehe ich selbst in Bezug auf Gendersensibilität? Welche Rolle habe ich im Gruppenteam? Welche Aufgaben übernehme ich typischerweise? Hier gilt es, ehrlich zu sein, auch wenn es vielleicht im ersten Moment unangenehm ist, sich mit diesen Aspekten auseinanderzusetzen. Hilfreich ist dabei, im Hinterkopf zu behalten, dass eigentlich alle von uns klassische Genderbilder im Kopf tragen und im Alltag reproduzieren. Wenn wir uns Veränderungen wünschen, müssen wir erst einmal genau hinschauen, wo wir überhaupt stehen, um dann zu überlegen, wohin wir eigentlich gehen möchten.

Sie können die Reflexion für diese verschiedenen Bereiche natürlich ganz für sich allein vornehmen, daraus Ihre Erkenntnisse ziehen und diese aus diesem Buch mitnehmen. Leider wird Ihnen das aber nur bedingt helfen, Veränderungen anzuregen oder anzustoßen. Um wirklich **weiterzukommen**, ist es sinnvoll, die **Einrichtungsleitung** (falls Sie es nicht selbst sind) mit ins Boot zu holen und vorzuschlagen, sich mit dem **gesamten Team** – vielleicht im Rahmen eines pädagogischen Tages – mit gendersensibler Bildung und Erziehung zu beschäftigen. Die eigene Beschäftigung mit den konkreten Fragen und Ihre Beantwortung könnten aber vielleicht ein sinnvoller erster Schritt sein, um sich im zweiten Schritt mit dem (Groß-)Team zusammenzusetzen.

3.3.1 Vorbereitung auf die Reflexion

Nehmen Sie sich an einem ruhigen Ort ausreichend Zeit (mindestens eine Stunde) für Ihre Reflexion. Außerdem brauchen Sie dafür mehrere Blatt Papier – vielleicht auch ein Flipchart oder ein Whiteboard – sowie Stifte, idealerweise in verschiedenen Farben.

Arbeiten Sie den Fragenblock 1 durch und notieren Sie sich Ihre Antworten in Stichworten. Nach der Beantwortung der Fragen schauen Sie sich die Antworten noch einmal an. Lassen Sie sich Zeit dabei. Was fällt Ihnen auf? Ist vielleicht ein Muster erkennbar? Notieren Sie diese Auffälligkeiten auf einem separaten Papier. Falls Kolleg*innen parallel zu Ihnen die Fragen bearbeitet haben, können Sie sich nun dazu austauschen. Erst im Anschluss machen Sie sich an die Beantwortung des Fragenblocks 2 und gehen bei diesem ebenso vor. Zum Schluss kommt der Fragenblock 3 an die Reihe.

3.3.2 Reflexionsfragen 1: Wie gendersensibel ist Ihre Kita?

- Wenn Sie Beobachtungen und Dokumentation nach Vorgaben (des Trägers und der Einrichtung) notieren, sind in den Leitfäden/Fragebögen auch genderbezogene Aspekte berücksichtigt?
- Gibt es in Ihrer Einrichtung männliche Fachkräfte auch in Krippengruppen oder altersgemischten Gruppen mit U3-Kindern?
- Legt die Einrichtungsleitung Wert darauf, aktuelle Themen der Forschung in der Praxis aufzugreifen?
- Gibt es in der Einrichtung (z. B. im Leitungsbüro) aktuelle Literatur zur pädagogischen Forschung, die sich die Mitarbeiter*innen ausleihen können?
- Gibt es für die Erzieher*innen Möglichkeiten, sich regelmäßig zu Themen wie Gendersensibilität fortzubilden (intern oder extern)?
- Werden die pädagogischen Tage auch für Fortbildungen zu genderbezogenen Themen genutzt? Bzw. fließen genderbezogene Aspekte in die Fortbildungen ein?
- Haben alle Kinder die Möglichkeit, an allen Projekten – unabhängig vom Thema – teilzunehmen und mit allen Materialien nach Interesse umzugehen?

- Gibt es in den Räumen der Einrichtung Bereiche für Spiele nach stereotypen Rollenmustern (z. B. Bauteppich, Puppenecke)?
- Gibt es in den Räumen der Einrichtung Bereiche für Spiele, die genderneutral sind (z. B. Bücherei, Atelier, Kinderbüro)?
- Haben Jungen und Mädchen gleichermaßen Zugang zu allen Spielbereichen in der Einrichtung und nutzen diese – auch geschlechtsgemischt? Unterstützen die pädagogischen Fachkräfte das entsprechend?
- Gibt es spielzeugfreie Phasen in der Einrichtung?
- Werden bei der Elternarbeit und der Einbindung der Eltern in Projekte Mütter und Väter gleichermaßen angesprochen und beteiligt?

3.3.3 Reflexionsfragen 2: Wie gendersensibel ist Ihr (Klein-) Team?

- Welche Haltung hat das Team zum Thema „Gendersensibilität"?
- Gibt es unterschiedliche Haltungen unter den Mitarbeiter*innen? Wie wirkt sich das auf die pädagogische Arbeit aus?
- Welche Angebote konzipieren Sie als pädagogische Fachkräfte für die Gruppe? Berücksichtigen Sie dabei Genderaspekte?
- Bringen sich die Erzieher*innen im Team regelmäßig auf den aktuellen Stand der pädagogischen Forschung und tauschen sich dazu auch aus?
- Fließen Anregungen aus einem solchen Austausch in den Kita-Alltag ein?
- Werden die Jungen und Mädchen der Gruppe gleichermaßen darin unterstützt und ermutigt, neue Erfahrungen zu machen?
- Werden die Angebote in allen Bildungsbereichen so gestaltet, dass sich Mädchen und Jungen angesprochen fühlen?
- Widmen die pädagogischen Fachkräfte allen Kindern ihre Aufmerksamkeit gleichermaßen?
- Werden unterschiedliche Verhaltensweisen und Interessen von Jungen und Mädchen beobachtet und unterstützt? Wie geht das Team damit um?
- Wer übernimmt im Team typischerweise welche Aufgaben? (Pflege der Wickelkinder, Bezugserzieher*in für die Kleinsten sein, Angebote im Turnraum unterbreiten, Vorräte für Snacks und für Zwischenmahlzeiten prüfen usw.)

- Welche Kinder in der Kita-Gruppe schließen sich gern zusammen? Was geschieht in den Gruppen? (Stichwort: Gruppendynamik)
- Wie reagieren die pädagogischen Fachkräfte auf Gruppendynamiken?
- Gibt es in der Gruppe Mädchen- und Jungengrüppchen, die (fast) nur exklusiv miteinander spielen? Ändert sich das eventuell auch mal?
- Welche Kinder spielen bevorzugt welche Spiele miteinander? Verhält sich das immer gleich? Wie reagieren die pädagogischen Fachkräfte darauf?
- Gibt es besonders auffällige Freundschaften zwischen Kindern in der Gruppe? Spielen Geschlecht und Alter dabei besondere Rollen?
- Wann spielen Mädchen und Jungen in der Gruppe getrennt? Wann gemeinsam? Ist ein Muster erkennbar? Wie gehen die Erzieher*innen damit um?
- Wie gehen Mädchen und Jungen in der Gruppe mit ihren eigenen Gefühlen um (z. B. Freude, Begeisterung, Wut, Trauer, Frustration)? Gibt es hier ähnliche Formen des Umgangs? Oder sind unterschiedliche zu beobachten?
- Wie gehen die Erzieher*innen mit den Gefühlen der Kinder um? Gibt es Unterschiede in Bezug darauf, ob es sich um Jungen oder Mädchen handelt?
- Wie gehen die Gruppenkinder mit den Emotionen der anderen Kinder um? Wie reagieren die pädagogischen Fachkräfte darauf?
- Finden in der Gruppe geschlechtsgetrennte pädagogische Angebote für Mädchen und Jungen statt? Ab welchem Alter werden diese Aktionen umgesetzt und mit welchem Ziel?

3.3.4 Reflexionsfragen 3: Wie gendersensibel sind Sie selbst in Bezug auf Ihre Arbeit und Ihre Einstellung?

- Mit welchen Prägungen und Glaubenssätzen in Bezug auf Genderaspekte sind Sie selbst aufgewachsen? (Solche Prägungen und Glaubenssätze können z. B. sein: Jungen weinen nicht; Mädchen klettern nicht auf Bäume; jede und jeder kann das tun und werden, was sie bzw. er möchte.)
- Wie gehen Sie heute mit den Prägungen und Glaubenssätzen in Bezug auf Genderaspekte um?
- Wie wichtig ist Ihnen Gendersensibilität? Warum ist das so?
- Informieren Sie sich über Genderforschung?

- Haben Sie an Fortbildungen zum Thema „Gender“ teilgenommen?
- Lassen Sie Aspekte der gendersensiblen Bildung und Erziehung bewusst in Ihren Arbeitsalltag einfließen?
- Welche Kinder fallen Ihnen spontan als erste ein, wenn Sie an Ihre Kita-Gruppe denken?
- Woran denken Sie zunächst, wenn Sie an diese Kinder denken? (Aspekte können hier z. B. Tätigkeiten, bevorzugte Spiele, Frisuren, Kleidung, Eltern sein.)
- Welche Kinder halten sich gern in Ihrer Nähe auf, wenn Sie welche Tätigkeiten ausüben? (Tätigkeiten können sein: z. B. Snacks vorbereiten, Basteln, Vorlesen, Aktionen in Turnraum oder Außenbereich durchführen.) Sind das öfter dieselben Kinder?
- Welche Kinder suchen Ihre Aufmerksamkeit am stärksten?
- Mit welchen Spielsituationen beschäftigen Sie sich vorwiegend, z. B. Maltisch, Bauecke? (Welche Kinder schließen sich Ihnen dabei besonders häufig an?)
- Welche Tätigkeiten in der Gruppe übernehmen Sie öfter als Ihre Kolleg*innen im Team?
- Sind Sie zufrieden mit der Aufteilung der Tätigkeiten?
- Womit sind Sie in Ihrer Gruppe in Bezug auf Geschlechtergerechtigkeit aktuell öfter unzufrieden? Dies können z. B. die Spielzeugauswahl, Spielmaterialien, Bücherauswahl, Gestaltung der Räume und Spielbereiche, die Angebote sein. Warum ist das so?
- Vorausgesetzt, Ihre Kolleg*innen im Team (ggf. auch die Einrichtungsleitung und der Träger) sind einverstanden und Sie sind ganz frei in Bezug auf den finanziellen Rahmen und die Möglichkeiten: Was würden Sie in Ihrer Kita-Gruppe gern in Bezug auf Geschlechtergerechtigkeit ändern?

SO KANN ES WEITERGEHEN

Wie geht es Ihnen nach der Reflexion? Falls Sie die Reflexion allein durchgeführt haben und für sich mit guten Ergebnissen herausgegangen sind, regen Sie bei der Themenabstimmung für den nächsten pädagogischen Tag doch an, diese Reflexion im ganzen Team (in Kleingruppen, ggf. nur Fragenblock 1 und 2) vorzunehmen und gemeinsam auf die Ergebnisse zu schauen. Im Anschluss daran überlegen Sie, welche Anregungen umsetzbar sind.

3.4 Genderbewusste Sprache – Sprache bestimmt das Denken

Sprache schafft Bewusstsein. Diese Erkenntnis ist nicht neu – wir wissen, das, was wir sagen und hören, prägt sich uns tief ein. Deshalb sind Sprache und präzises Formulieren nicht egal. Das bezieht sich auch auf den sprachlichen Umgang mit den Geschlechtern, mit Gender. **Gendersensible Sprache** ist ein wichtiger Teil davon, gendersensibel zu leben und zu arbeiten, denn sie macht die **Vielfalt der Geschlechter sichtbarer** und **präsenter** in der Wahrnehmung.

Die Zeiten, in denen Benutzer*innen des Binnen-Is verlacht und nicht ernst genommen wurden, sind glücklicherweise vorbei. Das Gendersternchen, wie wir es auch in diesem Buch benutzen, ist inzwischen eine etablierte und viel genutzte Möglichkeit, alle Geschlechter sichtbar zu machen. Jedoch sind die meisten (oder vielleicht sogar alle) Personen, die dieses Buch lesen (und auch ich als Autorin), mit dem **generischen Maskulinum** aufgewachsen. Wir haben in unserer Kindheit gelernt, vor allem die männliche Form zu benutzen und das als geschlechterübergreifend zu empfinden. Beim generischen Maskulinum heißt es: Frauen (und alle anderen) sind mitgemeint. Mitgemeint ist aber nicht mitgenannt und eben auch nicht unbedingt mit-wahrgenommen. Es ist schon lange bekannt, dass das generische Maskulinum eben nicht so inklusiv funktioniert, wie es in der Theorie durchaus beansprucht wird. Untersuchungen haben gezeigt, dass Personen, die Texte lesen, die im generischen Maskulinum verfasst sind, vornehmlicher an Männer denken. Dies ist auch dann der Fall, wenn es sich bei den Lesenden um Frauen handelt (vgl. Gleichstellungsbüro der Universität Osnabrück 2021).

GEDANKENEXPERIMENT – ZWEI BEISPIELE, ZWEI WAHRNEHMUNGEN

Stellen Sie sich vor, von einem Ihnen unbekannten Team wird als „die Erzieher“ gesprochen. Selbst wenn dort ausschließlich Frauen arbeiten, ist das unter Anwendung des generischen Maskulinums vollkommen korrekt. Doch welches Bild taucht vor Ihrem inneren Auge auf? Eine reine Frauengruppe? Tatsächlich kommen dann unsere stereotypen Erwartungen (in

der Linguistik als soziales Geschlecht bezeichnet) ins Spiel. Denn wie Sie aus der Praxis bestens wissen: Im Beruf der Erzieherin und des Erziehers sind Frauen immer noch deutlich in der Überzahl. Diese stereotypen Erwartungen hebeln dann im Grunde zwar das generische Maskulinum aus, sie führen aber dennoch nicht zu einer neutralen Wahrnehmung.

Denn das Team könnte in der Wirklichkeit aus Männern und Frauen sowie Personen der dritten Option bestehen.[1] Das generische Maskulinum macht das jedoch nicht sichtbar. Es ist also unpräzise. Allein auf Basis der Nennung „die Erzieher" können wir nicht wissen, wie sich diese Gruppe tatsächlich zusammensetzt. Das ist blöd, oder?

Ähnlich und doch anders sieht es aus, wenn jemand sagt: „Der Oberarzt kommt zur Visite." Bei den meisten wird jetzt durch stereotype Erwartungen ein Mann in den Vorstellungen auftauchen und der Satz somit wörtlich genommen. Es könnte sich aber auch um eine Frau handeln, die gleich das Krankenzimmer betritt. Sie ist ja schließlich mitgemeint beim generischen Maskulinum. Die Sprache macht die Ärztin an dieser Stelle aber unsichtbar. Die stereotypen Erwartungen und das generische Maskulinum können deshalb zu Überraschungen führen, wenn sich dann die Zimmertür öffnet. Sicher haben Sie auch schon einmal davon gehört oder es selbst mitbekommen, dass Ärztinnen nicht ernst genommen oder mit Krankenschwestern verwechselt wurden, oder? Das generische Maskulinum unterstützt diese Strukturen.

Tatsächlich ist schon vor rund 70 Jahren, 1949, im Grundgesetz in Artikel 3 verankert worden, dass Männer und Frauen gleichberechtigt sind. Nur in der Sprache hat das keine Entsprechung gefunden. Da galt das generische Maskulinum und in weiten Bereichen ist genau dieses auch heute noch dominant.

1 Mit dieser offenen Formulierung sind Personen zusammengefasst, die sich selbst nicht in das binäre System des biologischen Geschlechts (männlich-weiblich) einordnen. Im Dezember 2018 wurde der dritte Geschlechtseintrag „divers" für die dritte Option verabschiedet (neben männlich, weiblich und kein Eintrag). Diese Option ist seit 2020 nur noch mit einem eindeutigen Nachweis, der belegt, dass die Person intergeschlechtlich ist, auswählbar. Zwischen 2018 und 2020 gab es hier auch Möglichkeiten für trans Personen. In Österreich gibt es sechs Geschlechtseinträge: männlich, weiblich, divers, inter, offen und keinen Eintrag.

Schon in den 1970er-Jahren brandeten die ersten Debatten um geschlechtergerechte Sprache auf. Es hat lange gedauert, bis sie einen Weg in die breite Gesellschaft, in die Alltagssprache, in die Medien (Zeitungen, Zeitschriften, Fernsehen, Bücher, Duden usw.) gefunden haben, zumindest in einen Teil. Zwar ist das generische Maskulinum immer noch sehr präsent. Aber der Aspekt der Sichtbarkeit für alle Geschlechter ist in der Mitte der Gesellschaft angekommen. Endlich! Denn eine Sprache, die alle Geschlechter sichtbar und hörbar macht, ist unverzichtbar als Baustein auf dem Weg zur Geschlechtergerechtigkeit. Hierbei werden alte Sprachmuster hinterfragt und durchbrochen. Das ist anstrengend und erfordert Übung. Alte Gewohnheiten müssen verabschiedet und neue mit viel Sensibilität sowie Kreativität geschaffen werden.

Seit 2020 gibt es im „Duden – Die deutsche Rechtschreibung" einen Hinweis auf das **Gendersternchen**. Es gibt allerdings tatsächlich noch viele Menschen, die nicht gendergerecht formulieren und auch gendergerecht formulierte Texte nicht lesen möchten. Manche beziehen sich dabei auf die klassische Aussage, Frauen seien doch mitgemeint. Andere behaupten etwa, dass Personen, denen geschlechtergerechte Sprache wichtig ist, überempfindlich sind. Und dann gibt es noch diejenigen, die gendergerechte Sprache zu kompliziert finden. Man könnte vermuten, dass hier vor allem fehlende Reflexion und reine Gewohnheit der Grund sind, vor allem wenn dies noch kombiniert ist mit einem Unwillen oder einem Unwohlsein einer Veränderung gegenüber. Es gibt natürlich noch weitere Gegenargumente.

3.4.1 Möglichkeiten, verschiedene Geschlechter mit Sprache auszudrücken

Es gibt (bisher) **keine Norm**, wie gendergerechte Formulierungen aussehen müssen. Um mehrere Geschlechter sprachlich sichtbar zu machen, sind **verschiedene Strategien** möglich. Es ist Geschmackssache, welche man verwendet. Einige Optionen verlängern den Text, andere klingen umständlich, manche wirken erst einmal kompliziert und wieder andere fallen gar nicht auf, wenn man es nicht weiß – dies sind die elegantesten. Ein gendersensibler Text ist sprachästhetisch dann am schönsten, wenn er flüssig les- und sprechbare sowie in sich stimmige Formulierungen beinhaltet, die man gern liest. Weniger elegant wirken Sätze, die plakativ demonstrieren, dass hier auf Geschlechtergerechtigkeit geachtet wird.

Nun folgt eine Auflistung (ohne Anspruch auf Vollständigkeit) verschiedener Varianten mit jeweiligen Beispielen (vgl. Diewald, Steinhauer 2020: 117 ff.):

- **Doppelnennung** – Die Erzieherinnen und Erzieher der Kita Regenbogen haben morgen einen pädagogischen Tag.
- **Gendersternchen** – Die Erzieher*innen der Kita Regenbogen haben morgen einen pädagogischen Tag.
- **Gender-Doppelpunkt** – Die Erzieher:innen der Kita Regenbogen haben morgen einen pädagogischen Tag.
- **Schrägstrich mit Bindestrich** – Die Erzieher/-innen der Kita Regenbogen haben morgen einen pädagogischen Tag.
- **Binnen-I** – Die ErzieherInnen der Kita Regenbogen haben morgen einen pädagogischen Tag.
- **Gender-Gap/Unterstrich im Wort** – Die Erzieher_innen der Kita Regenbogen haben morgen einen pädagogischen Tag.
- **Klammern** – Die Erzieher(innen) der Kita Regenbogen haben morgen einen pädagogischen Tag.
- **Substantivierte Partizipien oder Adjektive** – Die Erziehenden der Kita Regenbogen haben morgen einen pädagogischen Tag.
- **Sachbezeichnung** – Die pädagogischen Fachkräfte der Kita Regenbogen haben morgen einen pädagogischen Tag.
- **Geschlechtsneutrale Personenbezeichnungen** – Die in der Kita Regenbogen arbeitenden Personen haben morgen einen pädagogischen Tag.
- **Mit Relativsatz** – Alle, die in der Kita Regenbogen in den Gruppen arbeiten, haben morgen einen pädagogischen Tag.

Die **gendersensiblen Formulierungsmöglichkeiten Gendersternchen, Gender-Doppelpunkt und Gender-Gap** gehen noch einen Schritt weiter, als nur Frauen und Männer gleichermaßen zu benennen. Sie sind inklusiv und beziehen alle Geschlechtsidentitäten mit ein. Das Gendersternchen, der Gender-Doppelpunkt und der Gender-Gap symbolisieren mitten im Wort einen Freiraum für die Geschlechtervielfalt. Auch beim Sprechen wird häufig an dieser Stelle mitten im Wort eine kleine Pause gemacht, um gendergerecht zu sprechen.

Für andere Kontexte und Situationen gibt es noch weitere Möglichkeiten, gendergerecht zu formulieren z. B.:

- **Kurzwörter** – z. B. Azubi, OB, MA
- **Direkte Anrede** – z. B. in Formularen „Ihr Name", statt „Name des Antragsstellers/der Antragstellerin"
- **Umformulierungen mit Adjektiv** – „pädagogischer Rat" statt „Rat der Erzieherinnen bzw. Erzieher"
- **Umschreibung im Passiv oder mit „wir"** – „Es sollte daran gedacht werden, dass morgen in der Kita Regenbogen pädagogischer Tag ist." Oder „Wir sollten daran denken, dass morgen in der Kita Regenbogen pädagogischer Tag ist" statt „Die Erzieherinnen bzw. die Erzieher sollten daran denken, dass morgen in der Kita Regenbogen pädagogischer Tag ist".

DAS FEINGEFÜHL FÜR GENDERSENSIBLE SPRACHE SCHÄRFEN

Lesen Sie doch mal bewusst im Hinblick auf gendersensible Formulierungen in Zeitschriften, in Zeitungen, Büchern, auf Websites usw. und hören Sie zu, im Radio, in Fernsehsendungen, in Podcasts usw. Was fällt Ihnen auf? Welches Medium erstaunt Sie, weil es gendersensibel formuliert – oder das genau nicht tut? Wie empfinden Sie geschriebene und gesprochene Texte, die gendersensibel sind im Unterschied zu denen im generischen Maskulinum?

3.4.2 Reflektieren Sie Ihren eigenen Sprachgebrauch

Nun ist der passende Moment gekommen, um mal einen Blick auf die eigenen Formulierungen und den eigenen Umgang mit Sprache zu werfen. Vielleicht haben Sie beim Lesen der letzten Absätze schon darüber nachgedacht, wie es denn um Ihre eigene Sprachverwendung bestellt ist. Es kann sein, dass Sie sich gefreut und bestätigt gesehen haben. Möglicherweise haben Sie aber auch überlegt, was Sie (noch) besser machen können.

Nehmen Sie sich etwas zum Schreiben und ein bisschen Zeit und beantworten Sie die folgenden Reflexionsfragen. Auf einige haben Sie vielleicht nicht sofort

eine Antwort. Dann nehmen Sie diese Frage doch gedanklich einfach mit und befassen Sie sich wenige Tage später erneut mit der Selbstreflexion. Vielleicht ist Ihnen im Alltag einiges zu dem Thema aufgefallen. Vielleicht haben Sie aber auch bemerkt, dass sich Ihre Sprache verändert durch die Reflexion. Dass Sie (noch) bewusster formulieren als zuvor schon.

SELBSTREFLEXION ZUM THEMA „SPRACHE"

- Welche Art der Sprache kennen Sie aus Ihrer eigenen Kindheit? Erinnern Sie sich an gendersensible Sprache?
- Wie wichtig ist Ihnen eine gendergerechte und differenzierte Sprache? (siehe Formulierungsbeispiele S. 47 f.)
- Falls Ihnen eine gendergerechte Sprache wichtig ist: Warum?
- Falls Sie Ihnen nicht wichtig ist: Warum nicht?
- Falls Ihnen gendersensible Sprache bisher nicht wichtig war: Hat Sie dieses Kapitel zum Nachdenken angeregt?
- Falls Ihnen eine gendergerechte Sprache wichtig ist, wann benutzen Sie sie? Wenn Sie schreiben? Wenn Sie sprechen? Gelingt es Ihnen so, wie Sie es sich wünschen?
- Benutzen Sie eine der unterschiedlichen Optionen des gendersensiblen Sprechens?
- Achten Sie im Umgang mit den Kita-Kindern besonders darauf, präzise und gendergerecht zu formulieren?
- Haben Sie den Eindruck, dass sich das auf die Kinder (positiv) auswirkt? Wie wirkt es sich positiv aus?
- Achten Sie bewusst darauf, Sprachbilder zu vermeiden, die Stereotypen und Rollenklischees reproduzieren (z. B. Reinigungskraft statt Putzfrau)?
- Fällt es Ihnen auf, wenn Sie gendersensibel formulierte Texte lesen oder hören?
- Fallen Ihnen Texte auf, die im generischen Maskulinum verfasst wurden?

3.4.3 Gendersensible Sprache in der Kita

In der Kita begleiten Sie Kinder in der Sprachentwicklung. Sie wissen natürlich, dass Sprachentwicklung mehrdimensional abläuft, dass Kinder Sprache aufnehmen, reproduzieren und verstehen. In den Alltagssituationen bereits mit den Kleinsten schon aufmerksam mit Sprache umzugehen, stärkt die Beziehung zueinander, gibt den Kindern Sicherheit und fördert die (Sprach-) Entwicklung.

Sprache ist einer der Bausteine, die Kinder dabei unterstützen, sich in der Welt zu orientieren und Dinge, die sie beobachten, einzusortieren. Eine präzise **Sprache hilft** ihnen dabei, **sich zurechtzufinden**. Wenn Sie im Gespräch mit den Kindern gendersensibel formulieren, hilft ihnen das, Personen einzuordnen und ein Selbstbild zu formen. Kinder, die mit gendersensibler Sprache aufwachsen, übernehmen deshalb automatisch die präzisen Formulierungen, sowohl im aktiven Sprechen als auch in der Wahrnehmung.

Ein Beispiel mitten aus dem Leben

Meine vierjährige Tochter hört seit kurzer Zeit intensiv Bibi-Blocksberg-Hörspiele. Vor Kurzem saß sie in Gedanken versunken da und lauschte mal wieder dem Titelsong. Dann fragte sie mich vollkommen irritiert: „Ist Bibi Blocksberg eigentlich ein Junge? Oder war sie mal ein Junge? Oder hat sie sich in einen Jungen verzaubert? Sie ist doch kein Freund, sondern eine Freundin." Ich hörte genau hin und sie hatte natürlich vollkommen recht.
Im Titellied dieser bekannten Kinder-Hörspielserie wird gesungen, dass die kleine Hexe Bibi ein Freund sei, obwohl es sich bei ihr ganz eindeutig um eine Freundin handelt. Einem Kind, dem in der Kita und zu Hause ein gendersensibler Umgang mit Sprache vorgelebt wird, fällt das auf.
Ich hingegen bin mit dem Blocksberg-Titelsong und mit dem generischen Maskulinum aufgewachsen. Die Kombination aus beidem ist vermutlich der Grund, aus dem mir der Widerspruch von allein nicht aufgefallen ist.

Die Serie „Bibi Blocksberg" gibt es schon seit 1980. In diesen 40 Jahren wurden insgesamt über 130 Folgen produziert. Die Welt um Bibi hat sich in vielen Aspekten verändert und weiterentwickelt. Es gibt zahlreiche

Merchandising-Artikel, ein Spin-Off usw. Viele Dinge sind allerdings geblieben. Das Titellied beispielsweise wurde in dieser Zeit zwar mehrfach neu eingesungen, der Text blieb aber unverändert.

Kurz darauf hörte meine Tochter wieder Hörspiele, lauschte dieses Mal aufmerksam einem anderen Titelsong und stellte anschließend fest: „Bei Conni singen sie ‚Freundin', nicht ‚Freund'. Die schaffen es, dass sich das trotzdem reimt."

Das sind natürlich nur zwei Beispiele, die sich allein auf die Sprachverwendung in den Titelliedern beziehen und nichts über die Serien und deren Darstellungen an sich aussagen.

Geschlechtergerechte Sprache – auch in Bilderbüchern und anderen Kindermedien – bietet die Chance, einen Grundstein für gendersensibles Denken und Verhalten bei Kindern zu legen und zu festigen. Deshalb ist sie ein wesentlicher Bestandteil der geschlechtersensiblen Bildung und Erziehung im frühpädagogischen Kontext. Umgekehrt kann man auch sagen, dass ein Fokus auf Geschlechtergerechtigkeit im Sprachkontext die Umsetzung von Gleichberechtigung auf anderen Ebenen fördert und unterstützt, indem sie Frauen und Mädchen sichtbarer macht und für die Unterschiede und Gemeinsamkeiten der Geschlechter sensibilisiert.

IMPULSE FÜR DIE PRAXIS

Es bieten sich immer wieder Anlässe, um mit den Kindern zu genderspezifischen Themen ins Gespräch zu kommen. Dazu gehört beispielsweise, sich mit stereotypen Rollenbildern zu befassen, diese kritisch zu hinterfragen und aufzubrechen. Und auch mit sich selbst kann man gezielt reflektieren.

- Passende Gesprächsanlässe mit den Kindern ergeben sich in vielen Alltagssituationen, z. B. beim Vorlesen und gemeinsamen Betrachten von Bilderbüchern, besonders bei Wimmelbilderbüchern kann es passieren, dass ein Kind in der Gruppe eine klassische Rollenstereotype reproduziert, z. B. „Nur Männer können bei der Feuerwehr arbeiten, weil sie stark sind." In so einem Fall könnten Sie als pädagogische Fachkraft interessiert nachhaken und sich gemeinsam mit den Kindern dazu austauschen, was wichtig ist, wenn man bei der Feuerwehr arbeitet. Sie können auch darauf zu sprechen kommen, dass es ebenfalls Feuerwehrfrauen gibt. Dabei kann zur Sprache kommen, dass auch Frauen stark sind, dass neben Stärke auch andere Eigenschaften entscheidend sind für diesen Beruf. Oder Sie richten das Augenmerk darauf, dass Personen unabhängig vom Geschlecht bei der Feuerwehr arbeiten können. Besonders gut wäre in dem Fall, wenn in der Gruppe oder in der Kita-Bücherei ein Sachbuch zum Thema „Feuerwehr" oder ein Wimmelbuch mit einer prägnanten Feuerwehrszene vorhanden ist, in der zu sehen ist, dass auch Feuerwehrfrauen zum Einsatz kommen (siehe S. 96).

- Allgemein können Sie die Kinder beim Bücheranschauen einfach mal fragen: „Welchen Beruf könnte diese Person haben?" – „Und warum denkst du das?" Oder Sie haken nach: „Was spielt dieses Kind wohl am liebsten?" – „Welches könnte seine Lieblingsfarbe sein?" Dabei können Sie selbst auch eigene Gedanken und Vorschläge äußern. Diese Gespräche im spielerischen Rahmen bieten Möglichkeiten, vielen verschiedenen Themen Raum zu geben.

Falls Sie bisher vor allem im generischen Maskulinum formulieren, machen Sie doch einmal das Experiment, eine Woche lang ausschließlich gendersensible Formulierungen zu benutzen. Das ist am Anfang bestimmt etwas ungewohnt und fremd. Es wird besonders in emotionalen Situationen schwer sein, es durchzuhalten, weil Sie sich auf etwas anderes fokussieren. Lassen Sie sich davon nicht entmutigen und machen Sie weiter – und dann beobachten Sie: Die Tatsache, dass **Sie etwas verändern**, wird auch **weitere Veränderungen nach sich ziehen**. Was bemerken Sie bei sich selbst und in Ihren Gedanken? Was bemerken Sie in Ihrem Umfeld – bei Kolleg*innen, Gruppenkindern und in Ihrer Familie?

4 Gendersensibler Alltag in der Einrichtung

Wie gendersensibel eine Einrichtung ist, zeigt sich vor allem im Alltag. In den Räumen, in den Angeboten, im Umgang miteinander, in der Sprache, in den Materialien und in vielem mehr. Fest steht: Die Kita ist keine geschlechtsneutrale Zone, ganz im Gegenteil. In der Phase ihres Lebens, in der Jungen und Mädchen Kindertageseinrichtungen besuchen, entwickeln sie ihre eigene Geschlechtsidentität. (Geschlechter-)Rollen werden beobachtet, ausprobiert und erprobt. Auch in der Kita wirken sich die von außen auf die Kinder eindrängenden geschlechtsspezifischen Erwartungen und Rollenzuschreibungen stark auf diese aus.

Mit dem **Team** aus pädagogischen Fachkräften, in dem Sie arbeiten, sind Sie die **aktiven Gestalter der Umgebung der Kita-Kinder**. Ihre persönliche Haltung, Ihre Entscheidungen und Ihre Art, Ideen umzusetzen und Angebote in den verschiedenen Bildungsbereichen auszugestalten, bestimmt mit, wie gendersensibel der Alltag in Ihrer Einrichtung gelingt. Das gilt des Weiteren für den Umgang mit Konflikten und deren Auflösung, die Möglichkeiten der Partizipation, die Freiheiten, die Kinder bekommen (oder eben nicht). Gemeint sind hier Freiheiten, um sich auszuprobieren, ihre Vorlieben zu erkunden und dabei wertfreie und motivierende Unterstützung und Forderung zu erfahren usw.

Natürlich sind Sie in Ihrer Einrichtung gebunden an bestimmte Rahmen, an gesetzliche Bestimmungen, an die Vorgaben des Trägers, an die Konzeption, an Entscheidungen, die die Kita-Leitung oder das ganze Team treffen – dennoch

gibt es Raum, den Sie individuell als Person oder gemeinsam als Team gestalten und prägen können. Hier haben Sie die **Chance, Genderstereotype zu vermeide**n bzw. ihnen gezielt entgegenzuwirken und den Kindern eine **weltoffene, von persönlichen Werten getragene Haltung** vorzuleben. Auch durch vermeintliche Kleinigkeiten ist dies möglich: Etwa durch gezielte Neuanschaffungen bei Bilderbüchern, eine Umgestaltung der Spielbereiche und eine sensible Konzeption der Angebote, die Sie umsetzen möchten. Um solche Aspekte geht es in diesem Kapitel.

Zunächst werfen wir einen Blick auf die einzelnen Bildungsbereiche und deren Rolle, bevor wir uns der Spielumgebung der Kinder, den Räumen in der Kita sowie den Themen Konfliktlernen, Körperwahrnehmung und Partizipation zuwenden.

4.1 Gendersensible Begleitung in den Bildungsbereichen

Wir wissen, dass es keine Fähigkeiten, Eigenschaften, Interessen oder Vorlieben gibt, die nur typisch männlich oder weiblich sind, sondern dass die Verknüpfungen hier nur gesellschaftlich festgelegt wurden. Und überdies wissen wir auch, dass diese Zuschreibungen genauso wieder veränderbar sind. Diesen Weg der Veränderung müssen wir beschreiten und das im Zweifel immer und immer wieder. Ein Gebiet des Kita-Alltags, den das besonders betrifft, sind die Bildungsbereiche.

Mit den Bildungsbereichen in den Kindertageseinrichtungen wird die aktive Förderung gestaltet und das Bildungsangebot strukturiert. Dieses Bildungsangebot sollte allen Kindern gleichermaßen zugänglich sein. So weit, so klar. Gleichzeitig bedeuten die Bildungsbereiche aber auch eine Aufteilung der (Kita-)Welt in kleinere Segmente und Themen. Diese wiederum können sehr anfällig sein für Geschlechterstereotype und für einen wenig offenen Umgang, wenn man nicht aufpasst.

Und in welchen Bildungsbereichen spielen Geschlechterstereotype denn nun eine Rolle? Woran denken Sie zuerst? Klassiker aus der verstaubten Klischeekiste sind Vorstellungen von Jungen, die sich naturwissenschaftlich interessie-

ren und sportlich in den Wettstreit miteinander treten. Wohingegen die Gedanken über die Mädchen in die Richtung gehen, dass diese am liebsten in aller Ruhe konzentriert am Basteltisch sitzen oder mit viel Freude miteinander musizieren, oder? Da tauchen vor dem inneren Auge gleich Hochglanzbilder aus Werbeanzeigen und -prospekten mit entsprechenden Motiven auf oder vielleicht sogar die seltsam gestellten Spielsituationen auf vielen Verpackungen von Spielmaterial. Auch Abbildungen in Büchern aus längst vergangenen Zeiten oder die Meinungen einiger Personen der älteren Generation passen zu diesen Vorurteilen, oder?

Tatsächlich gibt es ja Jungen, die sich für Experimente und für Fußball interessieren, Mädchen, die am liebsten unter sich bleiben und sich mit feinmotorischen und kreativen Tätigkeiten befassen. Es gibt aber auch die anderen. Die lauten und fröhlichen Mädchen, die als Erste die Sprossenwand erklimmen, wenn es in die Turnhalle geht. Und ebenso finden sich die Jungen, die sich gern in der Kita-Bücherei einen Stapel Bilderbücher ausleihen und danach basteln möchten. Sie als Erzieher*innen wissen das natürlich.

4.1.1 Genderaspekte in den Bildungsbereichen

Es ist aber tatsächlich nicht von der Hand zu weisen, dass **genderbezogene Aspekte in allen Bildungsbereichen eine Rolle spielen** – mal auf den ersten Blick, mal auf den zweiten. Für die praktische Umsetzung in konkrete Angebote kann ein geschlechtsbezogener Blick eine Weiterentwicklung bedeuten, die nicht (zwangsläufig) mit besonderen, spezialisierten Angeboten für Mädchen und für Jungen verbunden ist, sondern mit einer allgemeinen Erweiterung in Bezug auf Vielfalt der Möglichkeiten. Bevor wir jetzt einen Blick auf die sieben Bildungsbereiche „Gesundheit, Körper und Bewegung", „Sprache", „Sozial-emotionale Entwicklung", „Ästhetische Bildung", „Naturwissenschaft und Technik", „Medienkompetenz" sowie „Religion, Ethik und Philosophie" werfen, gehen wir zunächst einen Schritt zurück und wenden uns einer kleinen Reflexionsübung zu.

Mithilfe der Fragen in dem nachfolgenden Kasten machen Sie eine individuelle und persönliche Bestandsaufnahme zum Thema „Bildungsbereiche". Es wird dabei Bezug auf Ihre Person, die Gruppe und die gesamte Einrichtung genommen. Falls Sie sich im Team mit gendersensibler Bildung und Erziehung befassen, können Sie diese Reflexion zusammen bearbeiten. Entweder tun dies alle gemeinsam und offen oder jeder beantwortet die Reflexionsfragen für sich allein.

REFLEXION MIT BLICK AUF DIE BILDUNGSBEREICHE

Nehmen Sie sich an einem ruhigen Ort ausreichend Zeit für Ihre Reflexion. Außerdem brauchen Sie dafür mehrere Blatt Papier – vielleicht auch ein Flipchart oder ein Whiteboard – sowie Stifte, idealerweise in verschiedenen Farben.

Notieren Sie sich Ihre Antworten in Stichworten. Nach der Beantwortung der Fragen schauen Sie sich die Notizen noch einmal an und lassen Sie sich Zeit dabei. Was fällt Ihnen auf? Möchten Sie noch etwas ergänzen? Ist vielleicht ein Muster erkennbar? Notieren Sie diese Auffälligkeiten in einer anderen Farbe oder auf einem separaten Papier. So fällt es Ihnen leicht, die spontanen Antworten von den erst später hinzugefügten, reflektierteren zu unterscheiden. Los geht's:

- Mit welchen Bildungsbereichen beschäftigen sich die Erzieherinnen in Ihrer Einrichtung bevorzugt?
- In welchen Bildungsbereichen engagieren sich die Erzieher eher?
- Können Sie geschlechtsbezogene Vorlieben und Interessen auf der Ebene der pädagogischen Fachkräfte feststellen?
- Wenn Sie nicht lange nachdenken: Welche gendertypischen Assoziationen haben Sie zu den einzelnen Bildungsbereichen? Z. B. Naturwissenschaften interessieren vor allem Jungen, Kommunikation und Sprache liegt den Mädchen mehr.
- Wenn Sie an einzelne Bildungsbereiche denken, kommen Ihnen da bestimmte Kinder in den Sinn?
- Welche Kinder verbinden Sie mit bestimmten Bildungsbereichen? Und warum?

- Denken Sie mal an den Alltag in Ihrer Kita: Für welche Bildungsbereiche interessieren sich die Mädchen in Ihrer Einrichtung besonders?
- Und welche Bereiche sind für die Jungen die spannendsten?
- Woran könnte es liegen, dass diese jeweiligen Vorlieben bestehen?
- Welche Kinder sprechen Sie mit welchen Angeboten besonders oder vielleicht sogar zielgerichtet an? Möglicherweise auch unterbewusst?
- Wie gehen Sie damit um, wenn an einem Angebot auffällig viele Mädchen oder Jungen Interesse haben?
- Wie stellen Sie sicher, dass Mädchen und Jungen in allen Bildungsbereichen Angebote wahrnehmen?

Falls Kolleg*innen parallel zu Ihnen die Fragen bearbeitet haben, können Sie sich nun dazu austauschen. Welche Eindrücke haben Sie jeweils notiert? Welche Gemeinsamkeiten gibt es? Welche Unterschiede? Haben Sie jetzt schon Ideen, was Sie verändern könnten? Oder sind Sie vielleicht schon rundum zufrieden und sehen keinen Anpassungsbedarf? Auch das kann ja sein.

Werfen wir nun gemeinsam einen Blick auf die einzelnen Bildungsbereiche und deren Rolle in Bezug auf genderbezogene Aspekte. Am Ende eines jeden Abschnitts finden Sie Impulse zum gendersensiblen Umgang mit den Bildungsbereichen in Ihrem Kita-Alltag.

Wie Sie wissen, gibt es in Deutschland ja kein einheitliches Konzept für Bildungsbereiche. Ganz im Gegenteil: In allen Bundesländern sind in den Bildungsleitlinien und Bildungsplänen die Bildungsbereiche unterschiedlich festgelegt. Deshalb ist die Auswahl der hier beleuchteten Bildungsbereiche nicht zwangsläufig passgenau mit denen in Ihrem Bundesland. Sie sollten aber sicherlich in dieser Übersicht alle Aspekte „Ihrer" Bildungsbereiche wiedererkennen.

4.1.2 Bildungsbereich „Gesundheit, Körper und Bewegung"

Der Fokus der Angebote, die im Rahmen des Bildungsbereichs „Gesundheit, Körper und Bewegung" konzipiert werden, sollte vor allem auf zwei Aspekten liegen: zum einen auf der positiven Wahrnehmung des eigenen Körpers, also

auf Sinnen, Ernährung, Bewegung, Krankheit und Sexualerziehung; zum anderen auf der Stärkung des Selbstwertgefühls.

Viele Erwachsene haben mit einigen der – auf den ersten Blick – so unkompliziert wirkenden Aspekte dieses Bildungsbereiches selbst negative Erfahrungen gemacht oder zumindest Kontakt mit ihnen gehabt. Hier können wir beispielsweise an bestimmte **Körperbilder** oder an gesellschaftlich anerkannte ästhetische **Idealbilder von Körpern und Geschlechtern** denken. „Männer müssen sportlich, stark und muskulös sein und Frauen schön, schlank und attraktiv", sind nur zwei von ihnen.

Auch **Erzieher*innen** sind von diesen Einflüssen natürlich nicht ausgenommen. Sie **teilen diese Ideale** möglicherweise und leiden eventuell auch darunter. Manche haben vielleicht Mobbing und Ausgrenzung am eigenen Leib erlebt, sie wurden wegen ihres Körpers beschämt („Bodyshaming"), weil sie übergewichtig waren oder sind („Fatshaming") oder sehr dünn („Skinnyshaming"). Möglicherweise haben sie auch Essstörungen entwickelt oder Wünsche, den eigenen Körper operativ zu verändern, um ihn den propagierten weiblichen Idealen anzunähern.

Oft schwingen diese persönlichen Erfahrungen und Glaubenssätze in der Auseinandersetzung mit Themen rund um den Körper ganz einfach unbewusst mit. Dennoch können sie natürlich einen Einfluss auf die Arbeit in der Kita haben. Situationen, in denen Kinder einander gegenseitig auf bestimmte Körpermerkmale ansprechen („Du hast aber einen dicken Bauch!" oder „Ich habe viel größere Muskeln als du"), können bei den Erzieher*innen schmerzvolle Erinnerungen wecken, die eine professionelle Reaktion in einer unerwarteten Situation erschweren. (Die professionelle Reaktion kann etwa auch aus Schweigen bestehen, da die Kinder einfach nur wertfrei einen Körper betrachten und beschreiben.) Eine negative oder kritische Reaktion beispielsweise angesichts der Bezeichnung „dick" für einen Körper, kann den Kindern den Eindruck vermitteln, dass dies eine unerwünschte, negative Eigenschaft ist, und sie verunsichern.

Viel Platz für Genderstereotype

Es überrascht also auch nicht, dass der Bildungsbereich „Gesundheit, Körper und Bewegung" derjenige ist, in dessen Kontext sich die meisten Gender-

stereotype tummeln. Die allgemein bekannte **Zuschreibung**, dass **Jungen besonders aktiv seien, einen hohen Bewegungsdrang** hätten und ihre Kräfte aneinander messen wollten, ist eine davon. **Mädchen** sind sanfter, kooperativer und kreativer, heißt es. Und ebenso wird geglaubt: Sie störten auch allgemein weniger.

Das bedeutet nämlich, dass die Unterschiede zwischen Mädchen und Jungen nicht zwangsläufig von den Kindern selbst – also ganz allein aus ihnen heraus – kommen, sondern dass sie eine Reaktion der Kinder auf das Verhalten der Erwachsenen sind. Diese Erwachsenen ermutigen die Kinder, begrenzen sie oder fordern sie sogar heraus und erzeugen dadurch das stereotype Verhalten eigentlich wiederum erst auf verschiedene Art (möglicherweise unbeabsichtigt und unbewusst). Die Kinder spüren, was von ihnen erwartet wird, und nicht selten wollen sie dann dem Bild entsprechen, das jemand anders von ihnen schon „gemalt" hat.

Gendertypische Klischees als Gefahr für Gesundheit, Körper und Bewegung

Welche Assoziationen haben Sie denn selbst in Bezug auf Jungen und Mädchen, was den Bildungsbereich „Gesundheit, Körper und Bewegung" angeht? Kommen Ihnen denn vielleicht auch zunächst gendertypische Klischees in den Sinn und Sie denken an starke und bewegungsliebende Jungen, denen es schwerfällt, eigene und fremde Körpergrenzen zu respektieren? Und haben Sie auch soziale und (über-)vorsichtige Mädchen im Kopf? Bei beiden Annahmen handelt es sich, wie gesagt, um genderstereotype Klischees, die im schlimmsten Fall Mädchen und Jungen so prägen können, dass sie ihrer eigenen Wahrnehmung nicht (mehr) trauen. Stattdessen legen sie alles – vermutlich unbewusst – darauf an, den vermeintlich idealen Bildern zu entsprechen.

Daraus resultiert im ungünstigsten Fall ein Verhalten, das dazu führt, dass die Kinder über die eigenen Grenzen gehen und negative Gefühle, wie Schmerz, Angst, Stress oder Überlastung ausblenden, um den vermeintlichen Erwartungen zu entsprechen. Dabei sollte der eigentliche **Fokus** natürlich darauf liegen, ein **gesundes**, **positives** und **individuelles Körpergefühl** zu entwickeln.

IMPULSE: GESCHLECHTERGETRENNTE BEWEGUNGSANGEBOTE

Bieten Sie als eine besondere Aktion oder als ein Projekt doch mal geschlechtergetrennte Bewegungsangebote für Mädchen und Jungen an. Oft ist es so, dass die Mädchen in den geschlechtergetrennten Gruppen mutiger sind, sich mehr trauen, mehr ausprobieren, weil die Jungen ihnen den Raum nicht nehmen. Andersherum ändert sich auch die Gruppendynamik der Jungen ohne die Mädchen. Das ist natürlich ebenfalls sehr von den individuellen Personen abhängig.

Bei geschlechtergetrennten Bewegungsangeboten sollten die Inhalte und die Materialangebote in den Gruppen übereinstimmen. Der Unterschied besteht wirklich nur darin, dass die eine Gruppe weiblich ist und die andere männlich. Kommentieren Sie das gar nicht groß, damit die Kinder im Vorhinein möglichst unbeeinflusst bleiben. Im Idealfall konzipieren Sie das Angebot so, dass die Kinder sich überwiegend selbst beschäftigen, sodass Sie in eine Beobachterrolle gehen und sich vielleicht sogar Notizen machen können. Wenn die Jungen und die Mädchengruppe jeweils getrennt voneinander das Angebot umgesetzt haben, stellen Sie sich die unten stehenden Fragen – wenn Sie Notizen zur Verfügung haben, ziehen Sie diese dabei gern heran:

- Wie haben sich die Mädchen in der Mädchengruppe verhalten?
- Und wie die Jungen in der Jungengruppe?
- Stellen Sie Unterschiede im Verhalten der Kindergruppen fest? Welche sind das?
- Welche Schlüsse ziehen Sie aus den Beobachtungen?
- Falls Sie mögen, können Sie dasselbe Angebot mit einer gemischten Gruppe umsetzen. Was beobachten Sie nun?
- Gibt es Unterschiede zwischen den gemischt- und getrenntgeschlechtlichen Gruppen?

Möglicherweise beobachten Sie, dass sich die Mädchen bei einem Angebot, in dem sie ungeübt sind, in reinen Mädchengruppen selbstbewusster verhalten und mutiger zeigen als in gemischten Gruppen. Wenn die Ange-

bote einige Male in den getrennten Gruppen durchgeführt und die Kompetenzen gestärkt wurden, ist es gut möglich, dass die Umsetzung in gemischten Gruppen später eine vollkommen neue Gruppendynamik mit sich bringt und sich etwa Mädchen stärker und selbstbewusster durchsetzen gegen die Jungen. Umgekehrt gilt das natürlich ebenfalls und diese Anregung lässt sich natürlich auch auf andere Angebote übertragen, etwa auf Bastelprojekte.

Die getrennte Turnstunde sollte natürlich nur eine zeitweilige Ausnahme sein und nicht zur Regel werden.

4.1.3 Bildungsbereich „Sprache"

Sprachliche Bildungsprozesse alltagsintegriert zu begleiten und zu unterstützen, ist inzwischen in jeder Kindertageseinrichtung Standard und ein ganz wichtiger Teil des Kita-Alltags. Die Entwicklung der Sprache zu unterstützen, das sollte in den ersten Lebensjahren im Fokus stehen. Häufig sind systematische Sprachfördermaßnahmen und -angebote (z.B. durch speziell ausgebildete und eingesetzte Sprachförderkräfte) üblich. In vielen Kitas kommen auch spezielle Sprachförderprogramme zum Einsatz, z.B. das Heidelberger Trainingsprogramm (vgl. Rohrmann, Wanzeck-Sielert 2018: 203 f.).

Wie wichtig Sprache im gendersensiblen Kontext ist, wurde ja auch schon in Kapitel „3.4 Genderbewusste Sprache" ab S. 44 aufgezeigt.

Sprachentwicklung bei Mädchen und Jungen

Der Prozess der Sprachentwicklung vollzieht sich bei jedem Kind natürlich individuell. Bei dem einen geschieht er linear, bei der anderen vielleicht in Sprüngen, bei wiederum anderen Kindern ist er schneller oder langsamer usw. Wir wissen aber auch, dass die Sprachentwicklung bei Jungen und Mädchen verschieden verlaufen kann. Untersuchungen sprechen von unterschiedlichen biologischen Voraussetzungen im Gehirn und davon, dass **Erwachsene grundsätzlich mehr mit Mädchen sprechen**, was sich dann auch auf die Sprachentwicklung auswirkt (vgl. Lehner o. J.).

Mädchen tun sich in der Regel leichter als Jungen damit, Sprache zu lernen, und verfügen über einen größeren Wortschatz – Ausnahmen bestätigen natürlich die Regel. All das bildet sich allerdings in den bekannten Förderansätzen überhaupt nicht ab. Anregungen für eine geschlechterbezogene Sprachförderung in Kitas wären eine Möglichkeit, um den Kindern und den Unterschieden gerecht zu werden. (Der erste Blick sollte dabei natürlich auf das Individuum und seine Entwicklung und der zweite auf das Gender der Person gerichtet sein. Das versteht sich von selbst.) Vorleseprojekte, die speziell mit männlichen Bezugspersonen (z. B. Vater, Opa, Vorlesepate, Erzieher) durchgeführt werden, wären ein Ansatz. Andere Möglichkeiten bestehen darin, z. B. Theaterprojekte oder die Entwicklung eigener Geschichten für nach Gender getrennte Gruppen anzubieten, die bestenfalls die Rollen von Mädchen und Jungen, Männern und Frauen thematisieren.

Interessant ist übrigens auch, dass Untersuchungen in Bezug auf Sprache in der Kita belegen, dass Erzieher*innen mit Jungen anders sprechen als mit Mädchen. Während **Jungen häufiger Verbote hören**, werden Mädchen sanfter und mit mehr Worten angesprochen und auch mehr bestätigt (vgl. Nitsche 2010).

IMPULSE: DIE EIGENE SPRACHE REFLEKTIEREN

Welche Gedanken hatten Sie beim Lesen des vorangegangenen Abschnitts zum Bildungsbereich „Sprache"? Wie geht es Ihnen mit diesem Themenbereich? Haben Sie sich selbst und „Ihre" Kinder darin wiedergefunden? Dokumentieren Sie doch einmal über ein paar Tage hinweg, wie Sie mit welchen Kindern in der Kita-Gruppe sprechen. Legen Sie sich dafür in dieser Zeit ein kleines Heft oder einen Block in Griffweite bereit. Unten finden Sie eine Reihe von Leitfragen – notieren Sie sich Ihre diesbezüglichen Beobachtungen immer so zeitnah wie möglich:

- Unterscheidet sich die Art und Weise, wie Sie mit verschiedenen Kindern sprechen voneinander? Worin zeigen sich hier Unterschiede?
- Sprechen Sie mit Mädchen und Jungen unterschiedlich? Woran liegt das Ihrer Meinung nach? Gibt es dafür „gute" Gründe?

- Wie reagieren die Kinder jeweils auf die spezifische Art und Weise, in der Sie mit ihnen sprechen?

Schauen Sie Ihre Notizen im Hinblick auf die eben aufgeführten Fragen an und reflektieren Sie Ihre Antworten. Möglicherweise decken Sie auf, dass Sie Mädchen häufiger darum bitten, etwas zu erledigen, oder Jungen öfter ermahnen. Oder Sie führen mit Mädchen mehr kleine Dialoge über alltägliche Erlebnisse und motivieren Jungen öfter dazu, Aktivitäten zu beginnen. Vielleicht stellen Sie diese Unterschiede aber auch nicht in Bezug auf die Kategorie „Gender“ fest, sondern bemerken verschiedene Arten der Kommunikation, die auf Charaktereigenschaften der Kinder bezogen sind (z. B. mehr Unterhaltungen mit ruhigeren Kindern, mehr Ermahnungen an selbstbewusste Kinder).

In einem zweiten Schritt können Sie sich überlegen, wie Sie Ihre Sprachverwendung ganz bewusst verändern und vielleicht gendersensibel steuern können. Sie könnten beispielsweise ganz bewusst häufiger Jungen um kleine Gefallen bitten und Mädchen zu eigenen Aktionen motivieren.

Und üben Sie sich doch mal in der bewussten Sprachverwendung (z. B. Ton, Länge der Sätze und Ausführlichkeit der Erklärungen, Verwendung bestimmter Begriffe) den Jungen und Mädchen gegenüber und beobachten Sie:

- Wie gelingt Ihnen die Umsetzung dessen, was Sie sich vorgenommen haben?
- Beobachten Sie die Reaktionen der Kinder: Gibt es überhaupt welche?
- Beeinflusst Ihr verändertes Sprachverhalten die Beziehung zu den Mädchen und Jungen? Wie sehen und empfinden Sie das?

4.1.4 Bildungsbereich „Sozial-emotionale Entwicklung“

Im Bildungsbereich „Sozial-emotionale Entwicklung“ geht es stark um das soziale Miteinander, das den Alltag in der Einrichtung maßgeblich prägt. Daneben ist hier aber auch der Umgang mit Konflikten ein sehr wichtiger Aspekt. Kon-

flikte miteinander auszutragen und zu lösen, einen konstruktiven Umgang mit ihnen zu erlernen, ist gar nicht so leicht für Kinder. Deshalb sollte all das auch nicht als lästiges Beiwerk im Kita-Alltag betrachtet werden. Die entsprechende Begleitung sollte für die pädagogischen Fachkräfte eine bedeutsame Aufgabe darstellen.

Für Mädchen und Jungen gilt gleichermaßen: **Alle streiten individuell** und **unterschiedlich**. Die Klischees von prügelnden, aufmüpfigen Jungen und zickigen, eigensinnigen Mädchen sind wohlbekannt. In manchen Fällen sind sie sogar deckungsgleich mit der Realität. Doch worin besteht die gendersensible Begleitung von Konflikten?

Auch hier ist der wichtigste Aspekt das Verständnis für das Verhalten der Mädchen und Jungen. Das bedeutet natürlich nicht, die konkreten Konflikthandlungen und -reaktionen gutzuheißen und zu tolerieren, sondern sich vielmehr in einem ersten Schritt darauf einzulassen, um zu beobachten und zu verstehen. In einem zweiten Schritt kann dann eine konstruktive Konfliktlösestrategie mit den Kindern erarbeitet werden. Es gilt, Grenzen festzulegen und so früh wie möglich – und nicht zuletzt –, das Selbstwertgefühl und Selbstbewusstsein der Kinder zu stärken. Das kann schon bei den Allerkleinsten geschehen, wie Sie wissen, indem Sie sie ermuntern, möglichst vieles selbst auszuprobieren. Das kann z. B. sein, sich selbst die Schuhe anzuziehen, eine Scheibe Brot mit Butter zu bestreichen oder über eine Bank zu balancieren und es nach einem „Scheitern" immer wieder zu probieren und sich dabei unterstützen zu lassen. So können die Kinder ihre eigenen Grenzen erfahren.

Wichtig ist auch, dass die Kinder für sich feststellen, wo ihre Grenzen im Umgang mit anderen bestehen. Manches Kind möchte nicht an den Haaren berührt werden, einem anderen gefällt es nicht, wenn jemand zu nahe kommt. Nur wer seine Grenzen kennt, der kann sie schützen und verteidigen. In Konflikten zwischen Mädchen und Jungen ist es wegen des unterschiedlichen Konfliktverhaltens nicht selten sinnvoll, als Erzieher*in dolmetschend und vermittelnd einzugreifen, um die Position der „Gegenseite" zu erläutern.

Das Miteinander in der Gruppe unterstützt die Mädchen und Jungen dabei, ihre eigene Identität auszubilden, auch ihre geschlechtliche Identität. Viele Kita-Kin-

der beginnen ab etwa **drei Jahren**, bevorzugt mit **gleichgeschlechtlichen Kindern zu spielen**. Das wirft in Bezug auf gendersensible Erziehung und Bildung in der Kita natürlich automatisch die Frage auf, wie man damit am sinnvollsten umgeht (vgl. Rohrmann, Wanzek-Sielert 2018: 201 f.). Eine selbst gebildete, dynamische und gut funktionierende Spielgemeinschaft möchte natürlich niemand stören. Nach einer gewissen Zeit (nach drei, vier Tagen vielleicht) können sanft gesetzte Impulse, die eine Mischung von Gruppen anregt, eine gute Energie erzeugen. In dem unten stehenden Kasten finden Sie einige Anregungen für solche Impulse. Voraussetzung dafür ist selbstverständlich Freiwilligkeit.

Wir wünschen uns natürlich, dass sich Mädchen und Jungen miteinander austauschen und es ein aktives soziales Miteinander gibt. Aber was wünschen sich die Kinder? Das ist zentral. Zusammenschlüsse von reinen Mädchen- oder Jungengruppen sind für die Entwicklung der Kinder sehr wichtig. Dafür brauchen die Kinder Raum und Zeit. Dass Gruppendynamiken, die andere ausgrenzen oder jemanden zu etwas zwingen, das der- bzw. diejenige nicht möchte, unbedingt schnellstmöglich erkannt und bearbeitet werden sollten, ist natürlich selbstverständlich. Das wissen wir alle.

IMPULSE: GESCHLECHTSORIENTIERTE ZUSAMMENSCHLÜSSE

Falls Sie in Ihrer Gruppe verstärkt beobachten, dass sich reine Jungen- und Mädchengruppen bilden, die sich nicht miteinander mischen, kann es hilfreich sein, einen kritischen Blick auf die Struktur der Spielbereiche zu werfen.

- Gibt es Bereiche, die stark geschlechtsstereotyp gestaltet und strukturiert sind (z. B. Rollenspielecke, Bauteppich)? Versuchen Sie, diese aufzulösen bzw. zu öffnen. Das kann bedeuten, die Regale, die den Bauteppich vom Raum abgrenzen, an eine Wand zu stellen und den Zugang zu dem Bereich so zu erleichtern. Die Rollenspielecke könnte beispielsweise von der Kinderküche getrennt werden und einen Platz neben dem Bücherregal bekommen. Stellen Sie sich die Frage, welche Möglichkeiten die Räumlichkeiten bieten und welche Spielbereiche sich vielleicht neu miteinander kombinieren lassen.

- Es kann gleichzeitig aber auch sinnvoll sein, diese selbst gewählten geschlechtsorientierten Zusammenschlüsse als Grundlage zu nehmen und explizite geschlechtergetrennte Angebote zu konzipieren. Diese können entweder die Interessen dieser Gruppen aufgreifen oder explizit untypische Erfahrungen ermöglichen (siehe dazu auch S. 60). Manchmal führen die gemeinsamen Erlebnisse dazu, dass die geschlechtsorientierten Kleingruppen diese Erfahrungen genießen und sich dabei emotional positiv aufladen – und dies so sehr, dass sie anschließend Lust darauf verspüren, auch mit anderen Kindern zu spielen und zu neuen Gruppenkonstellationen zusammenzufinden.
- Wie wirken sich die Veränderungen und Impulse auf die Spielzusammenschlüsse aus?

4.1.5 Bildungsbereich „Ästhetische Bildung"

Der Bildungsbereich „Ästhetische Bildung" beinhaltet vor allem künstlerisch-kreatives Gestalten. Manche Konzepte umfassen auch Musik und Tanz sowie bildnerisches Gestalten und Werken. Der Schwerpunkt liegt in den meisten Kitas aber auf Arbeiten wie Malen und Basteln.

Dieser Bereich zählt ebenfalls zu denen, die stark mit Genderstereotypen belastet sind. In den meisten Kitas engagieren sich vor allem Mädchen und weibliche pädagogische Fachkräfte am Maltisch oder im Atelier, über das manche Einrichtungen verfügen. Wenn die Jungen der Gruppe sich dort einfinden und kreativ arbeiten, tun sie das anders als die Mädchen, so stellen es die meisten Erzieher*innen fest. Die Jungen entscheiden sich vielfach für andere Gegenstände, die sie darstellen, und arbeiten häufig dynamischer und weniger präzise, während viele Mädchen, laut Untersuchungen, Wert darauf legen, ästhetisch ansprechende Bilder und Bastelarbeiten zu gestalten. Jungen malen häufig Fahrzeuge, Dinosaurier oder Monster. Ihre Auswahl ist oft von Medieneinflüssen geprägt. Sie zeichnen beispielsweise einfach ihre Lieblingshelden. Mädchen hingegen entscheiden sich gern für Prinzessinnen, Pferde oder ihre Familienangehörigen (vgl. Pithan 2010). Diese unterschiedlichen Vorlieben sind Ausdruck der jeweiligen Charaktere. Es kann für die Kinder spannend sein, auch mal et-

was anderes auszuprobieren. So könnten Sie Kinder, die gern Ausmalbilder sehr genau füllen und präzise zeichnen, z. B. dazu anregen, wilde und dynamische Zeichnungen zu malen, bestehend aus Klecksen und Strichen mit Wasserfarbe. So können sie eigene Gefühle ausdrücken. Oder Sie regen an, Fantasiefiguren zu malen, indem zwei gegensätzliche Motive miteinander verknüpft werden, beispielsweise ein Einhorn-Motorrad. Das bringt allen eine neue Perspektive und kann zu mehr Freude an fantasievoller Kreativität führen.

Man sagt, dass Jungen sowohl zu Hause als auch in der Kita oft zu wenige Anreize haben, um sich kreativ zu betätigen (vgl. Blank-Mathieu 2010). Das hat natürlich Folgen und bedeutet, dass sie ihre feinmotorischen Kompetenzen seltener üben als Mädchen. Die fehlende Übung wiederum zieht unter Umständen Folgen bis in die Schulzeit hinein nach sich und kann große Nachteile für die entsprechenden Kinder erzeugen. Denn **Feinmotorik** ist eine **wichtige Kompetenz**, die beispielsweise für das **Schreibenlernen** relevant ist. Das ist ein bedeutsamer Aspekt, um wirklich alle Kinder in der Gruppe zu animieren, mit Schere, Stiften und Papier kreativ tätig zu werden. Dafür sollten die Materialien im Idealfall für die Kinder jederzeit frei verfügbar sein. Wenn eine Gruppe bereits malt und bastelt, können Sie insbesondere Jungen, die auf der Suche nach neuen Aktivitäten sind, beispielsweise fragen, ob sie nicht Lust haben, sich dazuzusetzen und mitzumachen. Auch regelmäßige Bastelangebote zu spannenden Projektthemen, die Sie aktuell in der Gruppe durchführen, wie Weltraum bzw. Sonnensystem, Piraten, Jahreszeiten, Wetter, bieten sich an.

IMPULSE: GENDERKLISCHEES AM MALTISCH REFLEKTIEREN

Schauen Sie bei nächster Gelegenheit genau hin, wenn Kreativzeit ist, und erinnern Sie sich auch an vergangene Situationen.

Was beobachten Sie bei den Kindern in Ihrer Gruppe? Bestätigt das die eben beschriebenen Beobachtungen? Entsprechen diese Genderklischees tatsächlich der Realität? Erleben Sie vielleicht das Gegenteil? Oder lässt sich vielleicht gar kein Muster ausmachen, sondern es sind nur eine Menge individueller Künstler zu sehen?

Beobachten Sie anhand folgender Fragen ein paar Tage lang das Geschehen am Maltisch und auch Ihre eigenen Handlungen und die Ihrer Kolleg*innen. Dokumentieren Sie Ihre Ergebnisse auf einem bereitgelegten Block oder in einem Heft.

- Welche Kinder sind sehr interessiert an kreativen Tätigkeiten und fragen selbst initiativ danach?
- Und welche pädagogische Fachkraft begleitet sie dabei?
- Setzen Sie gezielte Anreize für alle Kinder, um sich kreativ zu betätigen? Wie tun Sie das?
- Welche Kinder lassen sich gern von Ihnen oder Ihren Kolleg*innen dazu motivieren, mitzumachen? Und welche nicht?
- Malen Mädchen tatsächlich lieber Pferde und Prinzessinnen …
- … und Jungen Monster und Maschinen?

Werken als Erfahrungsraum

Gibt es bei Ihnen in der Einrichtung auch Angebote im Bereich „Werken"? Viele Einrichtungen haben technische Ausstattungen wie Werkbänke, die jedoch selten zum Einsatz kommen. Dafür gibt es verschiedene Gründe: Werken ist zu umständlich, zu laut, verursacht viel Dreck, ist betreuungsintensiv usw. Dabei eröffnet das Werken viele interessante und vielfältige Möglichkeiten, die für alle Kinder ansprechend sind und kreative Potenziale wecken. Wichtige Kompetenzen, gerade für den Vorschulbereich können zudem geübt werden: **Motorische Fähigkeiten** und **Konzentration** werden noch einmal auf eine **ganz besondere Weise** gefördert (Nägel einschlagen, Sägen usw.). Im Kontakt mit Natur- und Handwerksmaterialien machen die Kinder vollkommen neue Erfahrungen, sie lernen die Beschaffenheit dieser Stoffe kennen und erfahren, was man damit tun kann.

Mit der **Genderklischeebrille** werden handwerkliche Tätigkeiten Männern und Jungen zugeordnet. Der Umgang mit Werkzeugen und (schweren) Baustoffen ist ein männlich assoziiertes Feld. Auch die meisten Handwerksberufe werden von Männern ausgeübt. Diese Tatsache bestätigt das Klischee. Dabei ist Werken auch für Mädchen (und Frauen) eine faszinierende Beschäftigung.

IMPULSE: WIE GENDERSENSIBEL IST ES UM DAS WERKEN IN IHRER EINRICHTUNG BESTELLT?

Um sich einen Eindruck zu verschaffen, ob und wie das Werken in Ihrer Einrichtung gendersensibel ausgerichtet ist, sind im Folgenden einige Fragen für Sie aufgeführt. Nehmen Sie sich einen Stift und Papier und notieren Sie sich Ihre Antworten.

- Gibt es auch bei Ihnen in der Einrichtung Angebote im Bereich „Werken"?
- Falls es Angebote gibt, wer führt diese durch?
- Falls es keine Angebote gibt, weshalb ist das so?
- Falls bei Ihnen gewerkt wird, wie interessiert sind die Kinder daran?
- Welche Kinder nehmen gern an den Angeboten teil?
- Welche Werkstücke erstellen die Kinder?
- Gibt es Dinge, die aus Ihrer Sicht beim Werken in der Kita fehlen?

Musik in der Kita

Musik zu machen, verbindet Menschen miteinander und bringt den ganzen Körper in Schwingung. Positive Gefühle werden geweckt und das Gemeinschaftsgefühl gestärkt. In allen Kitas wird gesungen: zum Geburtstag, zu Weihnachten, zu Sankt Martin und zu vielen weiteren Anlässen, oft jeden Tag im Morgenkreis schon zur Begrüßung. Zusätzlich kann es noch weiterführende musikalische Angebote geben, etwa in Kombination mit Rhythmusinstrumenten. Auch **musikalische Angebote** werden erfahrungsgemäß **häufiger Mädchen gemacht** und von ihnen freudig angenommen, haben Tim Rohrmann, Professor für Kindheitspädagogik an der Hochschule für angewandte Wissenschaft und Kunst Hildesheim, und die Diplompädagogin Christa Wanzeck-Sielert festgestellt. Wie ist das in Ihrer Kita?

Instrumentalangebote spielen in Kindertagesstätten meist eine untergeordnete Rolle, aber Kinderlieder sind wohl in allen Einrichtungen präsent. Haben Sie schon einmal genau auf die Texte gehört, die in klassischen Kinderliedern gesungen werden? In Bezug auf gendersensible Erziehung und Bildung sind sie ein spannendes Feld (vgl. Rohrmann, Wanzeck-Sielert 2018: 207 f.).

IMPULSE: MUSIK UND LIEDTEXTE REFLEKTIEREN

Gibt es in Ihrer Gruppe einen Ordner, in dem alle Lieder, die regelmäßig gesungen werden, versammelt sind? Anhand dessen können Sie sich leicht einen Überblick über die Liedtexte verschaffen. Überlegen Sie:

- Welche Kinderlieder werden in Ihrer Einrichtung gern und häufig gesungen?
- Wie sind Jungen und Mädchen in den Texten repräsentiert?
- Welche Geschlechterbotschaften werden in den Liedtexten transportiert?

Eine schöne Idee ist es, (moderne) Kinderlieder zu recherchieren, mit denen Sie ggf. nicht gendergerechte Kinderlieder aus dem Repertoire Ihrer Gruppe ersetzen können. Stadtbüchereien bieten oft einen guten Fundus an CDs und Büchern dafür und auch bei Musik-Streamingdiensten finden sich viele spannende Playlists, die Anregungen bieten.

4.1.6 Bildungsbereich „Naturwissenschaft und Technik"

Der Bildungsbereich „Naturwissenschaft und Technik" ist einer der Bildungsbereiche, der im Klischeerahmen dem Interesse der Jungen zugeordnet wird – er kann aber auch zahlreiche Mädchen erreichen. Seit geraumer Zeit ist dieser Bildungsbereich in fast allen Kitas verstärkt in den Blick und das allgemeine Interesse geraten. Es steht häufig ein breites und gut ausgearbeitetes Angebot mit Materialien für den Elementarbereich zur Verfügung.

Während die naturwissenschaftlichen Themen lange Zeit als Männerdomäne galten und Frauen hier Kompetenzen abgesprochen wurden, ist in den letzten Jahren Interessantes zu beobachten: Beispielsweise konnte eine **Verbindung** zwischen **steigender Geschlechtergerechtigkeit** und **besseren mathematischen Leistungen von Schülerinnen** festgestellt werden. Die Unterschiede zwischen Mädchen und Jungen sind zurückgegangen. Wussten Sie das? Hier wird ein Zusammenhang verschiedener soziokultureller Faktoren vermutet (vgl. Rohrmann, Wanzeck-Sielert 2018: 209). Eltern und andere Be-

zugspersonen ermuntern auch Mädchen, sich beispielsweise an Experimenten zu versuchen, Bildungseinrichtungen (z. B. Universitäten, Haus der kleinen Forscher) machen speziell naturwissenschaftliche Bildungsangebote mit dem Fokus auf Mädchen bzw. auf Mädchen und Jungen.

Zugeschriebene und tatsächliche Kompetenzen

Wie weiter vorne im Buch schon beschrieben (siehe S. 21), liegt es nahe, eine Verbindung zwischen zugeschriebenen und tatsächlichen Kompetenzen zu vermuten: Wenn Mädchen immer wieder von außen signalisiert bekommen, dass sie für eine Tätigkeit oder ein Themenfeld nicht kompetent seien, wirkt sich das auf ihre tatsächlichen Leistungen aus, da sie viel Energie und Zeit auf die Beschäftigung mit dieser Zuschreibung verbringen. Diese Zuschreibung wird zudem zu einem negativen Glaubenssatz. Es wird vermutet, dass diese negativen Zuschreibungen schon im Kindergartenalter entstehen, weshalb es besonders wichtig ist, naturwissenschaftliche Themen in den Kita-Alltag zu integrieren und entsprechende Bildungsangebote, Projekte oder Werkstätten für alle Kinder zu konzipieren.

Tipps für MINT-Angebote in der Kita

Es gibt zahlreiche Bücher zu dem Thema auf dem Markt, in denen Sie konkret ausgearbeitete Angebote finden, z. B.:

- Wagner, Yvonne (2017): 50 × naturwissenschaftliche Erfahrungen zum Beobachten und Dokumentieren im Kindergarten. Mülheim: Verlag an der Ruhr.
- Buchreihe: Kleine Forscher in der Kita im Verlag an der Ruhr.
- Fritz, Maike/Schlag, Bernd (2018): Kinderleichte und spannende Experimente. Naturwissenschaftliche Alltagsphänomene mit Kita-Kindern erforschen. Mülheim: Cornelsen.

Zudem bieten viele Einrichtungen, wie das „Haus der kleinen Forscher“ (siehe nächste Seite), der NABU, Umweltmobile und Kindermuseen Workshops und Werkstätten für und zum Teil auch in Kitas direkt an.

Dazu gehört natürlich für die **pädagogischen Fachkräfte**, zunächst selbst eine **positive Einstellung** zu den **MINT-Themen** zu entwickeln, um die Begeisterung weitergeben zu können. Oft müssen dafür alte Muster abgeschüttelt werden. Vielleicht gibt es sogar Berührungsängste.

Gibt es In Ihrer Einrichtung bereits interessante Angebote im Bildungsbereich „Naturwissenschaften"?

Tipp: Haus der kleinen Forscher

Kennen Sie das „Haus der kleinen Forscher"? Die gemeinnützige Stiftung engagiert sich für frühe Bildung in den Bereichen Mathematik, Informatik, Naturwissenschaften und Technik (MINT) und zertifiziert Kindertagesstätten, um die pädagogische Qualität bei der Umsetzung von MINT-Bildungsinhalten zu steigern. Ist Ihre Einrichtung vielleicht schon zertifiziert? Auf der Webseite der Stiftung finden sich neben zahlreichen Informationen rund um die Zertifizierung auch sinnvolle Anregungen, Materialien und Impulse für den Kita-Alltag sowie Angebote zur Weiterbildung (online oder lokal) für pädagogische Fachkräfte, die sich in diesem Bildungsbereich engagieren möchten.

Das Haus der kleinen Forscher

Auch wenn der Name der Stiftung („Haus der kleinen Forscher" statt „Haus der kleinen Forscher*innen") es nicht nahelegt, engagiert sich die Stiftung sehr für Gendergerechtigkeit – inhaltlich und auch sprachlich. Der Stiftungsname wurde 2006 gewählt. Damals war es mit dem Bewusstsein für gendersensible Sprache bei den Verantwortlichen noch nicht so weit her, wie der Bundesverband deutscher Stiftungen feststellt, der eine Befragung über Gendergerechtigkeit in deutschen Stiftungen durchführte. Aufgrund der schnellen Etablierung der Stiftung wurde von einer späteren Namensänderung abgesehen.

Um dieses Manko aber dennoch aufzufangen, hat die Stiftung 2012 in ihr Logo ein Mädchen und einen Jungen integriert und sich für den Claim „Naturwissenschaft und Technik für Mädchen und Jungen" entschieden. Inhaltlich und sprachlich spricht die Stiftung explizit Männer und Frauen, Mädchen und

Jungen, Erzieherinnen und Erzieher, Forscherinnen und Forscher an bzw. entscheidet sich in vielen Fällen für eine ganz neutrale Darstellung (z. B. Kinder, Forschende, pädagogische Fachkräfte), um sich nicht auf die Zweiteilung der Geschlechter zu beschränken und zeitgemäß den Aspekt der Diversität zu berücksichtigen.

Auch auf allen Fotos und anderen Abbildungen herrscht Vielfalt und gendersensible Darstellung wie grundsätzlich auf der Website, in den Print-Produkten, in den Social-Media-Kanälen und in der Pressearbeit ganz allgemein. Die Stiftung leistet spannende und hilfreiche Arbeit und ist zugleich ein gutes Beispiel für eine gelungene Umsetzung von gendersensiblem Umgang – insbesondere in der traditionell eher männlichen Domäne der Naturwissenschaften ist das vorbildlich.

4.1.7 Bildungsbereich „Medienkompetenz"

Der Bildungsbereich „Medienkompetenz" bezieht sich grundsätzlich auf alle Medien, also auf Bücher, Hörspiele und -geschichten, Fotos, Filme und Serien (Fernsehen). Auch neue Medien (Internet) spielen eine wesentliche Rolle, also Tablets, Smartphones, Laptops bzw. Computer. Es geht hier zudem um digitale Spiele, daher sind auch Spielekonsolen in diesem Kontext wichtig. Bücher und Hörgeschichten nehmen im Kita-Alltag ja schon lange eine relevante Rolle ein.

Die neuen Medien sind in Kitas bisher tatsächlich noch wenig im Einsatz. Die meisten Kinder haben allerdings zu Hause Umgang damit. Die Relevanz neuer Medien steigt auch schon für Kinder unter sechs Jahren rasant, inzwischen wissen schon viele Dreijährige, wie sie auf den Smartphones und Tablets ihrer Eltern zu ihren Lieblingsapps kommen. Insofern kann man schlussfolgern: Digitale Medien halten in den Kinderzimmern und somit zumindest auch indirekt in den Kitas verstärkt Einzug. Das ist ein zweischneidiges Schwert.

Neue Medien können sehr hilfreich sein

Sie beobachten das ja vermutlich tagtäglich an sich selbst. Die technischen Möglichkeiten der neuen Medien bieten viele Vorteile. Sie kommen schneller an Informationen, organisieren vielleicht Ihren Kalender online, rufen Ihre E-Mails ab, vereinbaren online Arzttermine, bleiben unkompliziert mit Freund*innen und der Familie in Kontakt usw. Für Kinder verhält es sich nicht anders, auch für sie erschließt die digitale Welt neue Möglichkeiten: Es gibt hilfreiche Lern-Apps für sie; selbst Fotos zu machen, ist für sie eine spannende Beschäftigung; und interessante, kindgerechte Inhalte sind ihnen über verschiedene Plattformen zugänglich. Es gibt aber auch zahlreiche dunkle Seiten des Internets: der Besuch unsicherer Internetseiten; zu offenherzige Preisgabe privater Daten; Nutzung nicht altersgerechter Internetseiten; Social-Media-Apps, die die Aufmerksamkeit mit leeren Inhalten binden, zu ungesunden Vergleichen führen und zu einer passiven Konsumhaltung; Spiele, die die Zeit vergessen lassen; und nicht zuletzt auch das Thema „Gender". Es gibt zahlreiche App-, Spiele- und Serien-Angebote für Kinder, die zum einen Geschlechterstereotype reproduzieren und zum anderen Plattformen, die eine unglaubliche Menge an Werbeanzeigen und -clips zeigen (Stichwort „Gendermarketing", siehe auch S. 11).

Die **persönlichen Erfahrungen der Kita-Kinder** mit den Medien allgemein sind **herkunftsbedingt** sehr **unterschiedlich**. Manche Familien legen sehr großen Wert auf Literatur, dort stehen den Kindern altersgerechte (Bilder-) Bücher zur Verfügung und es gibt eine intensiv gelebte Vorlesekultur. In anderen Familien hingegen haben Bücher keinen großen Stellenwert, stattdessen stehen die technischen Medien im Vordergrund und die Kinder haben – vielleicht sogar selbstbestimmt – Zugriff auf Tablets und Co. Nicht selten läuft der Fernseher sogar den ganzen Tag. Oft werden zudem nicht altersgerechte Inhalte konsumiert – ältere Geschwister sind häufig dafür ursächlich sowie eine fehlende Kontrolle oder ein Desinteresse der Eltern. Hier ist Fingerspitzengefühl gefragt, um die Mädchen und Jungen darin zu unterstützen, ihre Erfahrungen zu reflektieren und angemessen einzuordnen.

MEDIENERLEBNISSE EINORDNEN

Es ist für Kinder oft gar nicht so einfach, das, was sie in Filmen, Serien und Spielen sehen und „erleben“ vom echten Leben zu unterscheiden. Oft verschwimmen die Übergänge und die Inhalte können emotional belastend sein.

Damit die Kinder das, was sie auf dem Bildschirm gesehen haben, richtig ein- und zuordnen können, benötigen sie Ihre Unterstützung. Hören Sie zu, stellen Sie Fragen und regen Sie an, passende Bilder zu malen, Objekte zu basteln oder Rollenspiele zu machen. Indem die Inhalte auf ein anderes Medium übertragen wurden, bekommen die Kinder einen inneren Abstand dazu. Es fällt ihnen nun leichter, das Gesehene mit der Realität zu vergleichen und zu bemerken, dass das nicht das echte Leben ist. Manche Kinder fragen auch im Gespräch über die Medieninhalte, ob es diese Figuren wirklich gibt.

Reproduzierte Genderstereotype können Sie auf diese Weise ebenfalls zum Thema machen und beispielsweise anregen, die Rollen einfach neu zu verteilen oder die Geschichten ins Gegenteil zu verkehren. Das macht meist allen Beteiligten großen Spaß.

Eine offene Auseinandersetzung mit **allen Medienformen** in pädagogischen Einrichtungen sollte deshalb nicht erst im Schulalter beginnen, sondern schon in der Kita einen Stellenwert bekommen.

Gender in den Medien

In allen Medien spielt die Darstellung von Gender eine bedeutende Rolle. In Bezug auf Bücher, die häufig die Lebenswelt der Kinder aufgreifen oder abbilden (sollen), genau wie in Bezug auf Spiele oder Filme und Serien. Für alle Medien wird vieles produziert, das Genderklischees explizit bedient und klischeehafte Bilder von Weiblichkeit (Prinzessinnen, Feen, Schönheit usw.) und Männlichkeit (Superhelden, Kämpfe, Waffen usw.) erzeugt und überzeichnet. Dazu gehört nicht selten ein großer Markt an Merchandise-Artikeln, wie Kleidung, Figuren, Rucksäcken, Taschen, Büchern, Stickern, Malbüchern usw., die mit entsprechenden Figuren bedruckt sind und bei den Kindern bei jedem Einkauf in Supermarkt, Spielzeug- oder Bekleidungsgeschäft und jeder Werbeanzeige und jedem Werbeeinspieler Wünsche wecken. Der Umgang mit all dem ist eine große Herausforderung für Eltern und pädagogische Fachkräfte. Dies im Kita-Alltag auszublenden oder es gar auszuschließen, ist wenig zielführend. Ein sinnvoller Umgang kann dazu verhelfen, Themen, Bedürfnisse und Erlebniswelten von Jungen und Mädchen kennenzulernen und den Erwachsenen Zugang zu ermöglichen.

Wenn sich bei den Kindern die Nennung bestimmter Figuren – die Ihnen vielleicht gänzlich unbekannt sind – häuft oder Sie bestimmte Figuren verstärkt auf Pullovern, Socken, Turnschuhen und Rucksäcken sehen, können Sie das nutzen, um nachzuhaken, beispielsweise mit folgenden Fragen: „Wie heißen die Figuren?", „Wie sehen sie aus?", „Was tun sie?", „Warum tun sie das?", „Was gefällt dir an den Figuren/den Geschichten besonders gut?", „Was könnten die Figuren denn noch tun?".

Die Lieblingsprotagonisten der Kinder können mit einfließen in kreative Bastelprojekte. Sie können gezeichnet oder geknetet werden und in Rollenspielen als Protagonisten in vollkommen anderen Kontexten agieren. Sie können sich auch gemeinsam eigene neue Geschichten für die Figuren ausdenken, die sie so in einen neuen Kontext setzen, beispielsweise Superhelden Alltagserlebnisse mit Freunden erleben lassen.

So werden sie aus dem ursprünglichen Kontext gelöst und dienen als Einstieg in die Beschäftigung mit weiterführenden Themen. Oft kann das erfolgreicher sein, die Interessen der Kinder auf diese Weise aufzugreifen und neu zu kontextualisieren, als Alternativangebote zu machen, die die Interessen der Kinder weniger berühren. Hier stellt sich natürlich die Frage nach Geschlechtergerechtigkeit und wie sie in dem Kontext einen sinnvollen Raum bekommen kann. Beispielsweise kann Mädchen der Umgang mit problemlösenden Helden nahegebracht werden.

Gleichzeitig ist es sinnvoll, den Kindern einen **Zugang zu Medien mit diversen Inhalten** zu ermöglichen. Das bietet sich insbesondere in Form von Bilderbüchern an (siehe dazu auch Seite 96).

4.1.8 Bildungsbereich „Religion, Ethik und Philosophie"

Der Stellenwert religiöser und kultureller Aspekte hängt in Kitas von vielen verschiedenen Dingen ab: vom Träger, von der Herkunft der Kinder und natürlich auch von Ihnen, den pädagogischen Fachkräften selbst. Regionale Unterschiede spielen ebenfalls eine Rolle. Insbesondere der Bildungsbereich „Religion" wird in Deutschland sehr unterschiedlich gehandhabt. Gedacht wird hier natürlich vor allem an die konfessionellen Träger.

Religion in der Kita

Religiöse Bildung in Bezug auf das Christentum – sofern sie in der jeweiligen Einrichtung eine Rolle spielt – hat Genderaspekte zu bieten, bei denen eine Reflexion durchaus angeraten ist. Hierbei sind biblische Geschichten neben religiösen Festen und Ritualen (z. B. Tischgebet) die klassischen Wege, um Kindern das Christentum nahezubringen. Es wird schnell deutlich, dass die christlichen Traditionen stark männlich geprägt und weibliche Perspektiven und Rollen unterrepräsentiert sind. (In den anderen Weltreligionen ist dies ebenfalls so.)

Vor allem das **Alte Testament** bietet zahlreiche temporeiche Geschichten mit starken männlichen Protagonisten. Viele Kinder finden diese sehr interessant, zu denken ist z. B. an die Erzählungen zu Jona und dem großen Fisch, zu David und Goliath und zu dem starken Simson. Das **Neue Testament** bietet mit den Geschichten über Jesus, insbesondere mit den Heilungswundern, tatsächlich dann andere Aspekte an. Diese sind nicht von (körperlicher) Stärke, sondern von Nächstenliebe und Gemeinschaft geprägt (vgl. Rohrmann, Wanzeck-Sielert 2018: 198 ff.). Vielfach wird Jesus auch als Person dargestellt, in der sich männliche und weibliche Anteile integrieren, indem er sich um andere Menschen kümmert und sorgt (z. B. Speisung der 5000, die Heilung des blinden Bartimäus). Da er andererseits Macht über Naturgewalten (z. B. Sturmstillung) hat, kann er als Vorbild für Mädchen und Jungen dienen. Interessant ist, dass Kinder diese biblischen Geschichten oft unterschiedlich für sich erfassen. Während viele Jungen sich mit den männlichen und den neutralen Personen identifizieren, finden Mädchen häufig einen erweiterten Zugang – sie identifizieren sich nicht nur mit den weiblichen, sondern ebenfalls mit den männlichen und neutralen Personen (vgl. Rohrmann 2013).

Sich mit den individuellen Gottesvorstellungen der Mädchen und Jungen zu beschäftigen, ist auch ein interessanter Ansatz für die geschlechterbewusste religionspädagogische Arbeit. Diese können Sie beispielsweise in Angeboten in Form von Rollenspielen oder am Maltisch aufgreifen und den Kindern dabei Freiraum einräumen. Häufig gestalten die Kinder ein ganz eigenes Bild von Gott, dem sie Anteile ihrer eigenen Persönlichkeit hinzufügen (vgl. Rohrmann 2013).

GENDERGERECHTE BIBELTEXTE

Es gibt leider (bisher) keine gendersensible Kinderbibel. Allerdings begegnet einem sowieso oft die Einschätzung, dass Kinderbibeln zwar weit verbreitet sind, aber wenig gelesen werden. Wenn Sie Angebote zu biblischen Geschichten konzipieren, können Sie die Geschichten in eigenen Worten erzählen und dabei gendersensibel formulieren.

Da es für Erwachsene seit 2006 die Bibel in gerechter Sprache gibt, können Sie diese Bibelausgabe auch zur Unterstützung heranziehen. Das Projekt, in dem die Bibel neu mit (gender-)gerechten Formulierungen übersetzt wurde, ist von vielen verschiedenen Theologen und Übersetzern gemeinsam über Jahre verfolgt worden. Die Bibelausgabe ist auch online als Volltextversion verfügbar, sodass man jederzeit dort alle Passagen nachlesen kann. Geben Sie dafür „Bibel in gerechter Sprache" in eine Suchmaschine ein.

Philosophie und Ethik in der Kita

Philosophieren mit Kindern macht allen Beteiligten großen Spaß und bringt für alle neue Erkenntnisse mit sich. Aber vor allem kommt es dem natürlichen Forscherdrang der Kinder und der Lust am Fragenstellen entgegen. Lebensfragen nach Glück oder Träumen, auf die wir Erwachsene auch oft keine Antwort wissen, finden Jungen und Mädchen interessant (vgl. Brüning 2007).

Auch Geschlechterunterschiede oder -gemeinsamkeiten und die Rollen von Mädchen und Jungen sind spannende Themen, die unter dem Aspekt von Ethik mit Kindern besprochen werden können. Kinder denken zumeist freier und unbegrenzter als Erwachsene. Mithilfe verschiedener Methoden, wie Begriffs-

klärungen, sokratischer Gespräche und Gedankenexperimenten, können die Kinder im Philosophiekreis angeleitet werden. Sie können so, begleitet von Ihnen, Meinungen austauschen, einfache Argumentationsstrukturen üben und sich dadurch besser in der Welt zurechtfinden.

Grundbedingung ist natürlich eine erwartungsfreie Ausgangssituation der philosophischen Runde. Trotzdem ist es möglich, gezielt vorurteilsbewusste oder gendergerechte Themen anzustoßen und so den Austausch darüber zu fördern, Gedanken aufzugreifen, Impulse zu setzen, Fragen zu stellen und zu beantworten sowie das Bewusstsein der Kinder zu schärfen.

Empfehlenswert sind Themen, die die Kinder sowieso schon beschäftigen. Das kann z. B. ein Bilderbuch sein, das aktuell gelesen wird. Im Anschluss an eine gemütliche Vorleserunde können Sie beispielsweise dazu einsteigen. Vielleicht stellt eines der Kinder zufällig eine geeignete Einstiegsfrage, wie „Warum hat das Kind in der Geschichte so gehandelt?". Spielen Sie diese Frage an die anderen Kinder weiter oder stellen Sie sie gleich selbst. Kinder sind meist sehr offen und kreativ und lassen sich voller Freude auf die Gedankenexperimente ein. Sie können auch Fragen formulieren, die Genderthemen berühren (z. B. „Wie hätte ein Mädchen/ein Junge die Situation gelöst?").

Wenn die Kinder Antworten auf Ihre Fragen geben, fragen Sie weiter und gehen Sie in die Tiefe mit Nachhakfragen, wie „Warum denkst du, dass es so ist?", „Könnte es auch anders sein?", „Könnte es andersherum sein?", „Weshalb?", „Kennst du das auch?".

Es gibt kein Zeitlimit. Eine solche philosophierende Runde kann den Morgenkreis in wenigen Minuten abschließen oder auch mal eine halbe Stunde dauern.

Ganz wichtig: **Es geht hier nicht um Wissenserwerb, sondern um eine Auseinandersetzung mit der eigenen Person und der Umwelt**. Ergebnisoffenheit und Erwartungsfreiheit ist die wichtigste Basis für Sie. Als Orientierung gilt, dass die Themen und Fragen alltagsnaher und praxisorientierter sein sollten, je jünger die Kinder sind. Einige Beispielfragen sind in dem Kasten auf der nächsten Seite für Sie zusammengestellt.

IMPULSE: BEISPIELE FÜR GENDERSENSIBLE PHILOSOPHISCHE FRAGEN

Philosophierunden sind für die Kinder und für Erwachsene ein Gewinn. Die Runden können übrigens ganz kurz sein, manchmal nur wenige Minuten lang. Sie sind auch ein unterhaltsamer „Pausenfüller", wenn beispielsweise Wartezeiten überbrückt werden müssen. Greifen Sie dabei Kinderfragen auf oder formulieren Sie selbst Fragen an die Kinder.

- Wodurch unterscheiden sich Menschen voneinander? (Alte, junge, große, kleine Menschen, Mädchen, Jungen usw.)
- Was ist bei allen Menschen gleich?
- Was können Mädchen besonders gut? Und was gelingt Jungen ausgesprochen gut? Oder können alle alles gleich gut?
- Woher wissen Mädchen, dass sie Mädchen sind? Woher wissen Jungen, dass sie Jungen sind?
- Woran erkennt man, ob jemand ein Junge oder ein Mädchen ist?
- Woran merkt ihr, dass jemand eine Freundin oder ein Freund ist?

4.1.9 Alle Bildungsbereiche für alle

Um Jungen und Mädchen verstärkt zu allen Bildungsbereichen einzuladen und für sie zu begeistern, gibt es verschiedene Möglichkeiten.

Bei Bildungsbereichen, für die sich in Ihrer Einrichtung verstärkt Jungen bzw. Mädchen interessieren und engagieren, kann es empfehlenswert sein, die Angebote für einen gewissen Zeitraum – vielleicht einen Monat – getrennt umzusetzen. Gleiches gilt für Bereiche, in denen Mädchen bzw. Jungen eher untergehen. Der Vorteil der Trennung ist, dass die Mädchen bzw. Jungen so eine gute Möglichkeit erhalten, sich diesen Bereich selbst zu erobern und Selbstsicherheit zu gewinnen, ohne dem Einfluss der Jungen bzw. Mädchen ausgesetzt zu sein. Wechseln Sie dann aber wieder dazu, die Angebote mit allen gemeinsam umzusetzen, und beobachten Sie, was sich verändert hat.

Bildungsbereiche miteinander kombinieren

Eine andere Möglichkeit besteht darin, die Bildungsbereiche miteinander zu kombinieren und die Angebote zu durchmischen. So können Geschlechterstereotype aufgebrochen und spannende neue Perspektiven gewonnen werden.

- Beispielsweise könnte der Bildungsbereich „Sprache" oder „Sozial-emotionale Entwicklung" mit den „Naturwissenschaften" kombiniert werden, indem Erfahrungen aus Experimenten in Geschichten umgesetzt oder Experimente in Rollenspiele integriert werden. Wenn im Winter ein kleiner Schneemann gebaut und in einer Plastikkiste mit in die Gruppe genommen wird, um die Veränderung der Aggregatzustände zu beobachten, können sich die Kinder beispielsweise mit ihnen gemeinsam eine Geschichte über einen Wassertropfen überlegen. Dieser kann im Wasserkreislauf unterwegs sein und dabei spannende Abenteuer erleben: Er verdampft und findet sich in einer Wolke wieder, von wo aus er als Schneeflocke auf den Boden schwebt und dann mit vielen anderen zu einem Schneemann geformt wird. Dann wird er in der Plastikkiste in der Kita-Gruppe wieder zu Wasser. Dazu können die Kinder im Anschluss eigene Bilder malen und diese mit Ihrer Unterstützung zu einem gemeinsamen Buch binden. So ist der Bildungsbereich „Ästhetische Bildung" auch mit einbezogen.
- Eine weitere spannende Kombination sind die „Naturwissenschaften" mit der „Ästhetischen Bildung". Im Außenbereich kann beispielsweise in interessanten Projekten mit verschiedenen Materialien (z. B. Steine, Sand, Wasser, Erde) experimentiert und gestaltet werden. Farben und Strukturen können für mathematische Übungen verwendet werden, indem daraus Gruppen gebildet, die einzelnen Gegenstände gezählt oder gerecht verteilt bzw. gleichmäßig angeordnet werden. Es können geometrische Formen (Kreis, Dreieck, Quadrat, Rechteck) aus kleineren Gegenständen gelegt werden oder die Kinder nach den jeweiligen Formen gefragt werden. Aus einzelnen geometrischen Formen können wiederum neue Formen kreiert werden (z. B. aus zwei Kreisen ein Schneemann oder aus einem Quadrat und einem Dreieck ein Haus).

- Auch eine Kombination mit dem Bildungsbereich „Gesundheit, Körper und Bewegung" ist möglich, indem im Turnraum physikalische Gesetze mit dem eigenen Körper erkundet werden (z. B. Schwerkraft, Wippen usw.).
- Eine Verknüpfung von Musik („Ästhetische Bildung") ist spannend kombinierbar mit dem Bildungsbereich „Gesundheit, Körper und Bewegung" in Form von Tanz- oder Körperwahrnehmungsprojekten (z. B. „Wie fühlt sich der Klang in meinem Körper an?", „Wie höre ich den Ton, wenn ich mir die Ohren zu halte?").

Einige Verknüpfungen finden vermutlich auch in Ihrer Einrichtung bereits statt. Vielleicht aber bisher noch nicht so zielgerichtet. Eventuell bieten sich noch weitere Durchmischungen an (Stadt Zürich Geschäftsbereich Kinderbetreuung 2019). Hinschauen lohnt sich.

4.2 Eine gendersensible Spielumgebung – Räume, Spielbereiche, Spielmaterialien und Bücher

In diesem Abschnitt wenden wir uns nun den greifbaren, konkreten Elementen in Ihrer Kindertageseinrichtung zu. Wir werfen einen Blick auf die Spielumgebung in der Kita, also auf die Gestaltung der Gruppenräume und der Spielbereiche sowie auf die Spielmaterialien und Bücher. Auch diese sind insgesamt ein wichtiger Aspekt, in dem Gendersensibilität sichtbar werden kann – oder eben nicht. Dabei wird es auch wieder um **Bestandsaufnahmen** gehen, die Sie und bestenfalls das **ganze Team** dabei unterstützen, herauszufinden, an welchen Stellen Sie Veränderungen anstoßen können. Auch in kleinen Schritten, mit wenig Zeit und knappem Budget ist es möglich, Ihren Gruppenkindern und ebenso den Erwachsenen eine gendergerechtere Umgebung zu gestalten.

Nicht alles auf einmal. Einen Gedanken, der an dieser Stelle vielleicht besonders wichtig ist, möchte ich vorab noch teilen: Wenn wir etwas ändern oder Neues einführen möchten, braucht es nicht eine riesige Hauruck-Aktion, die mit großem Aufwand alles Bisherige auf den Kopf stellt. Viel nachhaltiger und auch einfacher ist es, Kleinigkeiten im Alltag Schritt für Schritt im eigenen Tempo anzupassen. So erhöht sich zudem die Chance, Neues langfristig zu etablieren, und wirklich alle – das Team, die Kinder, die

Eltern und ggf. der Träger – haben die Möglichkeit hineinzuwachsen und sich aus der Sicherheit des Altbewährten an die Änderungen zu gewöhnen. Neue Wege zu gehen, bedeutet nämlich absolut nicht, dass bewährte Inhalte plötzlich über Bord geworfen werden müssen. Zugleich ist Veränderung auch nicht daran gebunden, von vornherein einen perfekten Plan zu haben (oder darauf zu warten, dass jemand anderes einen hat), um dann erst die ersten Schritte zu gehen.

Also: Keine Sorge vor Veränderungen, speziell auch vor den Veränderungen hin zu mehr gendersensiblen Räumen, Spielbereichen, Büchern und Spielmaterialien.

4.2.1 Räume in der Kita

Die Art, auf die Räume gestaltet und strukturiert sind, kann, genau wie Routinen und Abläufe, stereotype Geschlechterrollen mitbestimmen. Das bedeutet: Wenn wir zum Ziel haben, eine Einrichtung gendergerechter zu gestalten, müssen wir dabei maßgeblich auch die Räumlichkeiten berücksichtigen.

Wenn wir nun über die Räume in der Kita sprechen und sie im Hinblick auf Gendersensibilität auf den Prüfstand nehmen, geht es natürlich vor allem um die Gruppenräume. Aber auch die Gemeinschaftsräume und -bereiche, die von allen gleichermaßen genutzt werden, sind ein wichtiges Thema. Dazu gehören beispielsweise die Turnhalle, die Waschräume sowie, falls vorhanden, die Kita-Bücherei, der Kreativraum, der Werkraum oder der Experimentierraum. Und wenn wir von Räumen sprechen, meinen wir zunächst das **Gebäude**, das je nach Struktur und örtlicher Gegebenheit wiederum unterschiedliche Bedingungen bietet, **Spielbereiche** sowie alle **anderen Bereiche** zu konzipieren oder mehr oder weniger flexibel mit deren Gestaltung umzugehen.

Was sehen „gendersensible Räume" eigentlich aus?

Ja, woran macht man eigentlich fest, ob die Räumlichkeiten einer Einrichtung geschlechtergerecht gestaltet sind? Das hängt natürlich nicht von der Wandfarbe ab, das ist klar. Es geht vor allem darum, allen Kindern möglichst viele Gelegenheiten zu bieten, ihren Interessen nachzugehen, sich auszuprobieren und an vielfältigen Angeboten teilzunehmen.

Erinnern Sie sich noch an das zweite Kapitel des Buches, in dem es um die Frage ging, was Gendersensibilität ist und was sie eben nicht bedeutet? Im Grunde sind dieselben Maßstäbe auch in Bezug auf die Räumlichkeiten anwendbar. Das bedeutet, dass das **Raumkonzept vor allem funktional** gestaltet sein sollte. Seine Struktur sollte sich an den Interessen der Kita-Kinder orientieren, statt auf eine geschlechterbezogene Aufteilung ausgerichtet zu sein. Das ist die beste Voraussetzung dafür, dass sich ein (Zusammen-)Spiel aller Kinder unabhängig von Gender ergeben kann und dass sich die Kinder frei nach eigenen Vorlieben entwickeln und auch neue Interessen entdecken und erkunden können.

Räumliche Gegebenheiten, die die Gestaltung erschweren

Die Gestaltung von Kindertageseinrichtungen hängt ja immer von verschiedenen, oftmals nicht beeinflussbaren Aspekten ab, wie beispielsweise der Architektur der Räume. Gerade alte Räumlichkeiten sind noch unter anderen Bedingungen und im Hinblick auf andere, inzwischen überholte, pädagogische Konzepte, Prinzipien und Zielsetzungen entstanden. Mit der Zeit haben sich die Konzepte gewandelt, aber die Räume sind natürlich oft dieselben geblieben.

Viele Einrichtungen stammen aus den 1970er- und 1980er-Jahren oder sind sogar noch älter. Sie sind Relikte früherer Zeiten, in denen ein anderes Bild vom Kind die pädagogische Arbeit bestimmte. Neuere, offenere Konzepte müssen sich natürlich dann den alten räumlichen Gegebenheiten anpassen. In diesen Häusern sind die Räume enger, kleiner, verwinkelter und dunkler, als es bei Neubauten der Fall ist. Gebäude jüngeren Datums sind zumeist offen, hell, klar strukturiert und großzügig geplant.

Der Bund hat festgelegt, dass alle pädagogischen Einrichtungen in Deutschland pro Kind eine sogenannte **pädagogische Nutzfläche** von mindestens drei Quadratmetern bieten müssen. Bei Neubauten sind es eineinhalb Quadratmeter mehr (vgl. Wissenschaftliche Dienste des Deutschen Bundestages 2009). Damit liegt Deutschland knapp über dem Durchschnitt, den der OECD-Report „Starting Strong III" ermittelte. In den Starting-Strong-Studien – die letzte fand 2017 unter Beteiligung von 31 OECD-Staaten statt – werden allgemeine Daten in Bezug auf frühkind-

liche Bildungssysteme der beteiligten Länder miteinander verglichen. Dabei geht es nicht um Rankings, sondern um die Beleuchtung von Gemeinsamkeiten und Unterschieden.

Die bundesrechtlichen Voraussetzungen haben natürlich ihre Gültigkeit, sagen aber wenig über die Qualität der Räume aus. Diese Qualität ist allerdings die Basis dafür, wie die einzelnen Spielbereiche angeordnet und gestaltet werden können. Eine offene große Fläche bietet beispielsweise mehr Flexibilität, einzelne Spielbereiche zueinander anzuordnen, ineinander übergehen zu lassen oder voneinander zu trennen.

4.2.2 Spielbereiche

Die Räume bieten die Bühne für die Spielbereiche, die die pädagogischen Fachkräfte der jeweiligen Einrichtung gestalten – zumeist tun sie dies mit Bezug auf die Konzeption. Die Auswahl der Spielmaterialien ist vor allem auf die Interessen der Kinder ausgerichtet, die dekorative Gestaltung und die Ordnung sind aber den persönlichen Vorlieben und dem Geschmack geschuldet. Und die Kinder nutzen die Spielbereiche und die vorhandenen Materialien (siehe dazu auch S. 18) individuell, abhängig von Alter, Spielpartner*innen, eigenen Bedürfnissen usw. So weit, so bekannt.

In vielen Kindertageseinrichtungen sind die traditionellen Raumteilungen von Puppen- und Bauecke inzwischen aufgelöst zugunsten offener Konzepte. Das bedeutet zugleich aber manchmal, dass die individuellen Bedürfnisse von Jungen und Mädchen, die sich mit der geschlechtstypischen Zuordnung decken, zu kurz kommen. In dem Fall kann es ratsam sein, zu erwägen, die Räume zu verändern und die traditionellen Elemente doch wieder stärker zu berücksichtigen. Das kann überraschende und positive Folgen nach sich ziehen und bedeuten, dass nicht nur Jungen von einer neuen Werkecke profitieren, sondern auch Mädchen sich plötzlich für die ihnen bis dahin unbekannten Themen interessieren. Im Übrigen: Vielleicht kommen die Impulse für eine solche Ergänzung gar nicht von Jungen (vgl. Rohrmann, Wanzeck-Sielert 2018: 183).

In den Ergebnissen ihres Forschungsprojekts „Puppenstuben, Bauecken und Waldtage: ‚(Un)doing' gender in Kinderkrippen" stellten Julia Nentwich, Franziska Vogt und Wiebke Tennhoff fest, dass sich zwar die meisten Kitas Gleichberechtigung, Förderung der Gleichstellung und Gendersensibilität groß auf die Fahnen schreiben, dass der Blick in die Praxis aber oft zeigt, dass es noch an der Umsetzung hapert und stattdessen tief verankerte Erwartungen an Geschlechtsunterschiede bestimmend sind. Das betrifft viele Aspekte, unter anderem auch die Ausgestaltung der Räume und der Spielbereiche (vgl. Nentwich, Vogt, Tennhoff o. J.).

Nach traditionellem Muster gestaltete Spielbereiche wirken sich aus

Julia Nentwich, Franziska Vogt und Wiebke Tennhoff ermittelten in ihrer Forschung auch, dass eher mit Mädchen assoziierte Spielbereiche (wie Basteltisch bzw. -ecke, Rollenspielecke bzw. Puppenecke und Kinderküche) in vielen Einrichtungen zentral und an festen Plätzen zu finden sind. Aktuellere Themen (etwa neue Medien, Naturwissenschaften, Kinderbüro und Technik) kamen dagegen viel häufiger entweder gar nicht vor, hatten keine festen Orte oder waren am Rand untergebracht. Für Spielbereiche, die eher mit den Jungen verknüpft sind (beispielsweise die Ecke zum Toben, die Bau- und Fahrzeugecke oder die Werkecke), haben die Forscherinnen ebenfalls ein stiefmütterliches Dasein beobachtet.

Zugleich haben sie festgestellt, dass die Bereiche häufig räumlich voneinander getrennt angelegt sind, sodass eine thematische Durchmischung oder ein materialübergreifendes Spiel den Kindern erschwert bis unmöglich gemacht wird. Hinzu kommt, dass die Spielmaterialien nicht selten wenig abwechslungsreich zusammengestellt sind. In den Rollenspiel- und Puppenecken finden sich beispielsweise keine männlich konnotierten Elemente (Männerverkleidungen, Werkzeuge usw.). Daraus schließen Julia Nentwich, Franziska Vogt und Wiebke Tennhoff, dass viele Kitas in Bezug auf die Spielbereiche nach wie vor den Schwerpunkt auf traditionelle Aspekte legen, obwohl die meisten von ihnen ausdrücklich erklären, sich für Gendergerechtigkeit einzusetzen.

Diese eher klassische Situation in Bezug auf die Spielbereiche kann dann natürlich nicht – oder zumindest nur schwer – zum Aufbrechen der Geschlech-

tergrenzen führen. Sie bestätigt und verstärkt die Trennung in männlich und weiblich eher noch (vgl. Nentwich, Vogt, Tennhoff o. J.). Dies macht es den **Kindern schwerer**, diese **Geschlechtergrenzen zu übertreten**, weil sie eben so deutlich sichtbar gesetzt sind. So entsteht der Eindruck, sie müssten sich entscheiden, statt eine unaufgeregte und selbstverständliche Auswahl zwischen all den Angeboten zu haben.

Vielleicht haben Sie beim Lesen des letzten Abschnitts bereits über Ihre Kita und Ihre Gruppe nachgedacht, sind die angesprochenen Aspekte gedanklich durchgegangen und haben sie abgeglichen. Es ist also Zeit für eine Bestandsaufnahme.

BESTANDSAUFNAHME: RÄUME UND SPIELBEREICHE IN IHRER KITA

Greifen Sie sich einen Block sowie Stifte und gehen Sie – ggf. gemeinsam mit Ihrem (Klein-)Team – doch mal die Räume und die Spielbereiche Ihrer Einrichtung in Bezug auf die in diesem Abschnitt genannten Aspekte durch. Halten Sie ein Flipchart, ein Whiteboard oder große Bögen Tonkarton bereit für die gemeinsame Auswertung.

Die folgenden Fragen helfen Ihnen dabei, Ihre Eindrücke und Gedanken zu strukturieren und einzuordnen. Beantworten Sie die Fragen bitte zunächst für sich allein und unbeeinflusst, bevor Sie anschließend in den gemeinsamen Austausch gehen.

Die Räume und die pädagogischen Fachkräfte

- Wie sind die Räumlichkeiten Ihrer Einrichtung allgemein in Bezug auf die Aufteilung zu beurteilen? (Z. B. offen, hell und großzügig oder klein, dunkel, verwinkelt.)
- Bieten die Räume der Einrichtung viel flexible Gestaltungsmöglichkeit oder ist eher die Improvisation gefragt?
- Wie sieht die dekorative Gestaltung des Gruppenraumes (inkl. Nebenräumen/Funktionsbereichen) aus? (Farben, Bilder usw.)
- Wer hat die Gestaltung maßgeblich beeinflusst? Männliche oder weibliche Fachkräfte?

- Angenommen, Ihr Gruppenraum und die Funktionsbereiche wurden von Erzieherinnen gestaltet. Wenn die Räume vor allem von den männlichen pädagogischen Fachkräfte gestaltet worden wären, wie sähen diese aus?
- Welche Spielbereiche gibt es in Ihrer Gruppe?
- Wie sind die Spielbereiche angeordnet? (Ggf. zur Verdeutlichung hier einen Grundriss des Gruppenraums mit den Bereichen skizzieren.)
- Wie sind die Spielbereiche ausgestaltet? (Z. B. im Hinblick auf Farben und geschlechtertypische Symbole und Bilder, wie Prinzessinnen, Bauarbeiter usw.)
- Welche Grundannahmen und welche pädagogischen Begründungen gibt es dafür, dass die Spielbereiche so gestaltet sind, wie sie es sind?
- Ist die räumliche Struktur der einzelnen Spielbereiche – auch zueinander – immer dieselbe? Warum?
- Ändern Sie die Platzierung und die Struktur der Spielbereiche zueinander öfter oder regelmäßig? Falls ja, was sind die Gründe dafür?
- Wie reagieren die Kinder auf die Veränderungen? Gibt es Unterschiede im Spielverhalten? Gibt es Unterschiede in Bezug auf Mädchen und Jungen?
- Ist das Raumkonzept insgesamt funktional und kann von allen Kindern interessenbezogen (statt geschlechtsbezogen) genutzt werden?

Die Kinder

- Welche Kinder und welche Kleingruppen nehmen welche Räume oder Spielbereiche besonders in Anspruch? Bekommen andere Kinder dadurch weniger Möglichkeiten, diese Bereiche zu nutzen?
- Wie nutzen die Mädchen und Jungen in Ihrer Gruppe den Gruppen- und den Nebenraum bzw. die Funktionsräume?
- Ist ein Unterschied zwischen Mädchen und Jungen festzustellen?
- Spielen getrenntgeschlechtliche Gruppen in anderen Spielbereichen als gemischtgeschlechtliche Gruppen? Oder spielen sie in denselben?
- In welchen Räumen und Spielbereichen kommt es besonders häufig zu Konflikten zwischen Kindern und Kindergruppen? Zwischen welchen Kindern und Kindergruppen entstehen Konflikte und weshalb?

Gemeinsam Ergebnisse auswerten

Falls Sie parallel zu Ihren Teamkolleg*innen die Fragen beantwortet und sich dazu Stichworte notiert haben, können Sie sich nun gemeinsam darüber austauschen, Ihre Gedanken strukturieren und Ergebnisse sammeln. Dies können Sie beispielsweise in Form von Listen tun oder mit Mindmaps auf dem Flipchart, dem Whiteboard oder den Tonkartonbögen. Oder Sie nutzen ein anderes Tool (ggf. digital), das Ihnen zusagt. Tragen Sie zunächst alle Ergebnisse einfach wertfrei zusammen, bündeln Sie thematisch Passendes zueinander und notieren Sie, wenn möglich, keine Doppelnennungen.

Besonders interessant ist die Frage der Wahrnehmung und Bewertung. Eventuell schätzen verschiedene **Erzieher*innen dieselben Situationen und räumlichen Gegebenheiten vollkommen unterschiedlich ein**. Sprechen Sie gemeinsam darüber und tauschen Sie sich aus. Aber Vorsicht, Falle: Hier könnte es vielleicht zu Differenzen zwischen „alten Hasen" und jungen Kolleg*innen kommen. Die einen fühlen sich vielleicht sogar angegriffen, die anderen möglicherweise nicht ernst genommen. Gehen Sie deshalb mit Bedacht und konstruktiv vor, wenn Sie Kritik üben. Das, was Ihnen selbst missfällt, ist vielleicht etwas, das einer anderen pädagogischen Fachkraft besonders gut gefällt, etwa weil es ihre Idee gewesen ist.

Neue Ideen für Ihr Raumkonzept entwickeln

Denken Sie nach Auswertung Ihrer Beobachtung in einer anschließenden Runde am besten gleich Möglichkeiten mit, wie Sie die aktuelle Struktur der Räume auf Basis Ihrer neuen Überlegungen verändern könnten. Jetzt sind Sie unmittelbar nach der Bestandsaufnahme noch „nah dran" an Ihren Beobachtungen und Gedanken. Deshalb wird Ihnen die Weiterentwicklung vermutlich relativ leicht fallen.

Tipp: Groß denken und Wertschätzung üben

Denken Sie bei der Entwicklung von Raumkonzepten auch gern erst einmal groß – oder zumindest größer, als es eine realistische Umsetzung vielleicht erlaubt. Ideen reduzieren, das kann man später immer noch. Und vereinbaren Sie am besten auch gleich untereinander, dass jede Idee ausgesprochen, wertgeschätzt und notiert werden darf, und nicht beim kleinsten Zweifel schon mit „Ja, aber …" im Keim erstickt wird. Das demotiviert nämlich und im Zweifel spart sich der- oder diejenige bei nächster Gelegenheit dann den eigenen Kommentar.

In einem weiteren Schritt können Sie dann die gemeinsam gesammelten Veränderungsideen auswerten und dabei gleich unterteilen in:

- finden alle gut und können wir sofort mit wenig Aufwand umsetzen,
- finden alle gut, ist aktuell aber aufgrund fehlender Ressourcen und mangelndem Budget nicht möglich,
- kann nicht überzeugen und wird wieder gestrichen.

Die Ideen aus der ersten Kategorie können Sie dann zeitnah schon verwirklichen oder zumindest fest einplanen, zu welchem Zeitpunkt sie umgesetzt werden sollen. Die aufwändigeren Veränderungen können Sie vielleicht auf einen Termin mit dem gesamten Team oder dem Träger vertagen und dort als Ideen einbringen.

Falls Sie für sich allein die Bestandsaufnahme durchgeführt haben, können Sie ähnlich vorgehen. Vielleicht können Sie im Nachhinein Ihr (Gruppen-)Team noch davon überzeugen, mitzumachen. Falls das nicht möglich ist (oder Sie das selbst vielleicht nicht möchten), können Sie Ihre Ergebnisse auch für sich notieren und strukturieren. Im Anschluss halten Sie die Ideen fest, wie die aktuellen Spielbereiche anders, offener und flexibler gestaltet werden könnten.

ANREGUNGEN ZUR GENDERSENSIBLEN GESTALTUNG VON SPIELBEREICHEN

Die folgenden Ideen und Impulse können Ihre eigenen Überlegungen ergänzen:

- Klare Trennungen von Spielbereichen auflösen
- Spielbereiche in regelmäßigen Abständen verändern, dabei Beobachtungen des Spielverhaltens einfließen lassen
- Spielbereiche miteinander verknüpfen und so neue Synergien erzeugen, z. B. Rollenspielecke mit der Fahrzeug- und Bauecke koppeln, sodass realistische Situationen aus dem Alltag der Kinder entstehen können
- Ermöglichen, dass Spielmaterialien aus verschiedenen Spielbereichen miteinander gemischt werden
- Erweiterung der Materialien in den Spielbereichen weg von stereotypen Rollenzuschreibungen hin zu Vielfalt, beispielsweise in der Rollenspielecke; prüfen Sie:
  - Gibt es Männern zugeschriebene Kleidung und Gegenstände?
  - Ist Arbeitskleidung für verschiedene Berufe vorhanden – und zwar für alle Geschlechter?
  - Finden sich neben Handtaschen z. B. auch Rucksäcke oder Laptoptaschen?
- Stehen Werkzeuge für Reparaturen im Haushalt zur Verfügung?
- Achten Sie auf Farben und Motive und setzen Sie überall auf Vielfalt?

Bevor Sie jetzt die komplette Struktur des Gruppenraums hinterfragen und gleich einen ausgefeilten Plan aufstellen, um diese zu ändern, können Sie kleinere Testläufe oder Experimente wie in dem untenstehenden Kasten vorschalten, um zunächst die Bedürfnisse der Kinder in Ihrer Gruppe zu ermitteln und sie zu beobachten. Daraus können sich durchaus sinnvolle Ansätze zur Umgestaltung der Räume und Spielbereiche ergeben. Vielleicht sind Sie aber auch ganz zufrieden mit der Gestaltung Ihrer Spielbereiche und es gibt keinen Grund für Veränderungen. Dann dürfen Sie sich natürlich auch darüber sehr freuen und gemeinsam stolz sein auf Ihre pädagogische Arbeit.

EXPERIMENT: SPIELBEREICHE-TAUSCH

Falls es in Ihrem Gruppenraum klar getrennte genderspezifische Spielbereiche gibt, kann ein kleines Experiment Ihre Perspektive und auch die der Kinder ändern.

Vertauschen Sie einfach mal ohne große Vorankündigung die Standorte zweier geschlechtsstereotyper Spielbereiche. Verlegen Sie die Puppenecke bzw. Rollenspielecke an den Platz, an dem zuvor der Autoteppich oder die Bauecke platziert war – und umgekehrt. Ändern Sie sonst nichts. Dann beobachten Sie das Spielverhalten der Jungen und Mädchen. Wenden sich die Kinder dem gewohnten Spielmaterial zu? Oder halten sie sich vor allem gern in der bisherigen Spielecke auf und adaptieren entsprechend ihre Spiele? Was beobachten Sie? Reflektieren Sie Ihre Beobachtungen. Welche Schlüsse können Sie aus dem Verhalten der Kinder ziehen? (Vgl. Rohrmann, Wanzeck-Sielert 2018: 183)

4.2.3 Spielmaterialien

Durch die angebotenen Materialien kommt erst richtig Leben in die Spielbereiche. Die Kinder nutzen diese je nach Altersgruppe und Interessen, um die Welt zu entdecken und zu erforschen und auch, um in verschiedene Rollen zu schlüpfen und diese auszuprobieren. Hierfür werden die frei zugänglichen und frei verfügbaren **Materialien, die bestimmten Zwecken zugeordnet sind**, ebenso genutzt wie **unstrukturierte Materialien**, die vollkommen ungebunden in der Verwendung sind. Je vielfältiger und flexibler die Materialien sind, desto größer ist das Spektrum an möglichen Erfahrungen, die die Kinder damit machen können. Fantasie und Vorstellungsvermögen werden gefördert. Und auch die (Geschlechter-)Rollen, die im Spiel damit eingenommen werden können, sind breiter gefächert. Die Frage nach der Auswahl der Spielmaterialien ist also ein wichtiger Aspekt auf dem Weg zur gendersensiblen Kita. Manche Spielzeuge haben sehr wenige Funktionen und bieten nur sehr eingeschränkte, genderklischeebezogene Spielvarianten (z. B. Autos, Prinzessinnenpuppen, spezielle Spielzeuge in der Kinderküche). Mit ihnen können die Kinder nur wenige Er-

fahrungen machen. Andere Spielmaterialien wiederum sind unstrukturiert und können und werden auch mit Begeisterung, viel Fantasie sowie Kreativität von Kindern im Spiel verwendet. Dazu zählen beispielsweise Tücher, Schüsseln, Kisten, Bälle, geometrische Körper aus Holz, Konstruktionsmaterialien, Farben, Wäscheklammern, Knöpfe. Beide – unstrukturierte Spielmaterialien und Spielzeuge mit wenig Flexibilität – haben ihre Berechtigung und treffen auf Faszination und Begeisterung bei den Kindern.

Spielzeugfreie Zeit

In der spielzeugfreien Zeit kommen ausschließlich unstrukturierte Materialien zum Einsatz. Gibt es in Ihrer Einrichtung vielleicht auch schon einen festen Tag in der Woche oder einen genau definierten Zeitraum im Jahr, in dem der Kita-Alltag ohne Spielzeug gestaltet wird? Wie sind Ihre Erfahrungen damit?

Manche Einrichtungen haben solche Konzepte für die gesamte Kita erarbeitet. In einigen setzen die Gruppen solche Ansätze selbst um. Und in anderen wird das Spielzeugfrei-Konzept erfolgreich beim Spiel im Außenbereich verwendet. Manche Kitas favorisieren den spielzeugfreien Ansatz sogar komplett.

Es ist Zeit für eine Bestandsaufnahme in Ihrer Gruppe. Welche Spielmaterialien und welche Auswahl stehen den Kindern in Ihrem Gruppenraum zur Verfügung? Die folgenden Fragen unterstützen Sie dabei, zu bilanzieren.

BESTANDSAUFNAHME: SPIELMATERIALIEN IN IHREM GRUPPENRAUM

Greifen Sie sich einen Block sowie Stifte und gehen Sie ggf. gemeinsam mit Ihrem (Klein-)Team doch mal die Spielmaterialien durch. Halten Sie ein Flipchart, ein Whiteboard oder große Bögen Tonkarton bereit für die gemeinsame Auswertung. Die folgenden Fragen helfen Ihnen dabei, Ihre Eindrücke und Gedanken zu strukturieren und einzuordnen.

- Gibt es viele Spielzeuge, die als typisch männlich oder typisch weiblich assoziiert werden? (Z. B. Autos, Spielfiguren.)
- Welche davon überwiegen?
- Haben die Kinder viel unstrukturiertes Spielmaterial zur Verfügung? (Z. B. Tücher, Holzformen, Kartons.)

- Stehen Materialien aus dem Alltag zur Auswahl? (Z. B. ausgemustertes Telefon, Tastatur, Computermaus, Salatschleuder.)
- Wie ist das Verhältnis der Spielmaterialien zueinander? Welche gibt es in Ihrem Gruppenraum am häufigsten?
- Ist das Verhältnis der Spielmaterialien für die verschiedenen Altersgruppen ausgewogen? (Besonders relevant ist die Frage in übergreifenden Konzepten mit Krippen- und Kita-Kindern bis zum Schuleintritt.)
- Womit spielen welche Kinder bevorzugt?
- Gibt es Kinderzusammenschlüsse/Kleingruppen, die bestimmte Materialien bevorzugt benutzen? Welche?
- Haben Sie spielzeugfreie Zeiten? Wie kommen diese an?
- Konzipieren Sie (zielgerichtet) Angebote, die ohne Materialien oder nur mit unstrukturierten Materialien auskommen? Welche Angebote sind das? Welche pädagogischen Fachkräfte konzipieren solche Angebote am häufigsten?
- Gibt es Spielzeugtage, an denen die Kinder ein Spielzeug von zu Hause mitbringen dürfen? Welche Spielzeuge werden dann zumeist mitgebracht?

4.2.4 Austausch im Team

Falls Sie parallel oder gemeinsam mit Ihren Teamkolleg*innen die Fragen beantwortet und sich dazu Stichworte notiert haben, können Sie sich nun gemeinsam darüber austauschen, Ihre Gedanken strukturieren und Ergebnisse sammeln. Dies können Sie beispielsweise in Form von Listen tun oder mit Mindmaps auf dem Flipchart, dem Whiteboard oder den Tonkartonbögen. Oder Sie nutzen ein anderes Tool (ggf. digital), das Ihnen zusagt. Tragen Sie zunächst alle Ergebnisse wertfrei zusammen, bündeln Sie thematisch Passendes und notieren Sie, wenn möglich, keine Doppelnennungen.

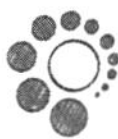

ANREGUNGEN ZUR GENDERSENSIBLEN GESTALTUNG DES SPIELZEUGANGEBOTS

Die folgenden Ideen und Impulse können Ihre eigenen Überlegungen ergänzen:

- Sinnvolles Verhältnis zwischen unstrukturierten Spielmaterialien und konkreten Spielzeugen
- Gleichgewicht in Bezug auf „Genderspielzeuge"
- Sinnvolle Ergänzung von Spielmaterialien in Bereichen mit bisher geringer oder einseitiger Auswahl
- Materialien, die zu Geschlechterdiskussionen anregen können (z. B. Bilder, Materialien zu Berufen)

Ideen für weitere Spielmaterialien in Ihrem Gruppenraum entwickeln

Denken Sie bei der Bestandsaufnahme gleich mit, was für mögliche Veränderungen Ihre Antworten und Überlegungen nach sich ziehen. Wo können Sie die Spielmaterialienauswahl vielleicht noch optimieren? Wo herrscht ein Ungleichgewicht, das angepasst werden sollte? Von welchen Dingen sollte sich die Gruppe vielleicht trennen? Und welche Ergänzungen wären sinnvoll? Verlieren Sie dabei nicht den Fokus aus den Augen, dass eine möglichst breit gefächerte und flexible Spielmaterialauswahl den Gedanken der gendersensiblen Kindertageseinrichtung unterstützt. Das bedeutet nicht (zwangsläufig), dass Sie Spielzeuge, die Genderklischees reproduzieren, vollständig aussortieren sollten. **Auf das Gleichgewicht kommt es an** und darauf, allen **Kindern** zu **ermöglichen, all ihre Interessen und Talente sowie Neues auszuprobieren**.

Überlegungen zur Neuanschaffung gendersensibler Spielmaterialien

Möglicherweise entscheiden Sie sich im Zuge der Veränderung und im Kontext der Bestandsaufahme dafür, weitere Spielmaterialien anzuschaffen, und dabei den Aspekt „Gendersensibilität" zu berücksichtigen. Für Ihre Überlegungen können Sie die Denkanstöße im Kasten auf der folgenden Seite nutzen.

ÜBERLEGUNGEN ZUR NEUANSCHAFFUNG GENDERSENSIBLER SPIELMATERIALIEN

Alle im Team können ihre Einschätzung zu den folgenden Fragen für sich selbst notieren. Anschließend tragen Sie Ihre Ergebnisse zusammen.

- Gibt es eine gute Auswahl an klassischerweise Jungen zugeschriebenen Spielzeugen, wie Autos bzw. Fahrzeuge, Stecksteine, Konstruktionsmaterial, Werkzeug-Spielzeug, Bälle, Verkleidungsutensilien, wie Arbeitshandschuhe oder Bauhelme?
- Gibt es eine gute Auswahl an klassischerweise Mädchen zugeschriebenen Spielzeugen, wie Puppenhaus mit Zubehör oder Puppen?
- Gibt es ausreichend geschlechtsneutrale Spielzeuge und -materialien, wie Gesellschaftsspiele oder Bastelmaterialien?

4.2.5 (Bilder-)Bücher

Bücher zählen zu den beliebtesten Medien in Kindertageseinrichtungen und sind wahnsinnig flexibel. Sie kommen häufig (am besten täglich) zum Einsatz, dienen der Sprachförderung und der Unterhaltung, ermöglichen ruhige Phasen im Alltag, können als Begleitmaterial für Projekte in (fast) allen Bildungsbereichen dienen usw. Die **familiären Vorerfahrungen** der Kinder in Bezug auf Bücher sind im Allgemeinen **sehr unterschiedlich**. Neben vorleseerfahrenen Kindern erleben Sie auch immer wieder Jungen und Mädchen, denen niemand vorliest und die zu Hause auch keinen Zugang zu Büchern haben.

Verschiedene Lebenswelt-Darstellungen in (Bilder-)Büchern

So unterschiedlich wie die Einsatzmöglichkeiten und die Erfahrungen mit Büchern sind, so unterschiedlich sind auch die Bücher und ihre Inhalte selbst.

Es gibt Bücher, die Geschlechterklischees reproduzieren und allgemein eine einseitige Welt zeigen. In diesen kümmern sich (zum Großteil) die Mütter um die Kinder, während die Väter arbeiten. Es sind auch ausschließlich Männer, die handwerkliche Berufe ausüben, alle Personen sind weiß, Familien bestehen stets aus Vater, Mutter und Kind(ern), es sind keine Personen mit Behinderungen zu sehen usw.

Und dann gibt es auch noch wunderbare (Bilder-)Bücher, die das ganze Leben und unsere abwechslungsreiche Welt sehr realistisch abbilden in seiner gesamten Vielfalt: mit Menschen in allen möglichen Rollen und Berufen, mit großen Personen und kleinen, mit verschiedenen Familienformen („klassische" Kleinfamilien, Patchwork-Familien, Ein-Eltern-Familien, Familien mit gleichgeschlechtlichen Elternteilen usw.), mit Menschen, die verschiedene Behinderungen haben, mit dicken Menschen, dünnen Menschen usw.

Diese Aspekte betreffen nun nicht nur erzählerische Bücher (Bilderbücher, Vorlesegeschichten usw.), sondern auch Sachbücher – Bücher über Feuerwehr, Bauernhof, Berufe und Co. Das, **was Kinder in Büchern sehen** und das, was ihnen vorgelesen wird, prägt sich ihnen ein und es wirkt sich auf ihre **Wahrnehmung der Welt** aus. Es ist also sinnvoll, genau zu prüfen, welche Inhalte und Botschaften die Bücher direkt oder indirekt transportieren.

Ein Plädoyer für Vielfalt in Kinderbüchern

Die Auswahl der (Bilder-)Bücher in der Kita sollte sich natürlich vor allem an den Themen orientieren, die für die Kinder interessant sind. Gleichzeitig ist es aber auch empfehlenswert, Bücher einzusetzen, die die Vielfalt und verschiedene Lebensformen abbilden. Denn: Auch wenn es in diesem Buch um geschlechtersensible Erziehung und Bildung geht, ist es ratsam, immer auch andere Aspekte der Vielfalt zu bedenken und zu berücksichtigen und in die pädagogische Arbeit einfließen zu lassen. Das ist wichtig, um den Kindern **Toleranz, Respekt, Neugier** und **ein vielfältiges Miteinander** nahezubringen. So können Sie aktiv Diskriminierung entgegenwirken und den Kindern ein offenes Weltbild vermitteln.

Bücher in der Kita

Viele der Bücher, die in den Gruppen vorhanden sind, gibt es schon seit vielen Jahren. Neben empfehlenswerten Klassikern, wie etwa „Die kleine Raupe Nimmersatt" von Eric Carle, finden sich auch häufig ältere Bücher, die Rollenklischees stark reproduzieren. Diese Bücher sind nicht mehr zeitgemäß.

Die Budgets in der Kita u. a. für Bücher sind erfahrungsgemäß begrenzt, sodass es natürlich nicht möglich ist, den Buchbestand ad hoc vollständig in Bezug auf Gendersensibilität zu aktualisieren. Es ist natürlich sinnvoll, bei den Büchern, die neu angeschafft werden, darauf zu achten, dass Vielfalt Programm ist – auch bei Sachbüchern.

Tipps: empfehlenswerte Bücher für Kinder

Viele besondere Bücher, die den eben beschriebenen Kriterien entsprechen, sind in kleineren Verlagen erschienen und nicht unbedingt in den großen Buchkaufhäusern vorrätig, und werden auch nicht mit großen Budgets beworben. Deshalb kann man sie leicht übersehen und muss gezielt nach ihnen schauen. Auf der Bücherliste hinten im Buch (S. 126) finden Sie eine Auswahl an tollen Titeln über männliche und weibliche Hauptfiguren, die selbstbewusst und gegen Widerstände ihren Interessen nachgehen, über Männer, die auch mal weinen, über das Thema „Transgeschlechtlichkeit" usw. Es gibt zudem einige empfehlenswerten Seiten im Internet, auf denen Sie sich informieren können, wenn Sie Neuanschaffungen planen. Unter anderem auf den Internetseiten der folgenden Anbieter finden Sie Hinweise und Tipps zu gendersensiblen und diversen Büchern für Kinder: Pinkstinks, fembooks, Gender-Kinderbuch, buuu.ch. Unter der Stichwortkombination „gendersensible Kinderbücher" gelangen Sie über beliebige Suchmaschinen zu weiteren Buchbesprechungen, Tipps und Hinweisen.

Vielleicht gibt es in Ihrer Einrichtung eine gut sortierte Kita-Bücherei, aus der sich die Gruppen interessante Bücher ausleihen können. Evtl. kann es sinnvoll sein, interessante Neuanschaffungen in der Kita-Bücherei einzustellen, sodass alle davon profitieren können. Falls auch dort die Auswahl veraltet ist, kann der Förderverein vielleicht einspringen und einen Geldbetrag zur Verfügung stellen, um neue geschlechtergerechte und diverse Bilderbücher anzuschaffen.

Nutzen Sie bereits die örtliche Stadtbücherei? In Kleingruppen können Sie mit Kindern einen Ausflug dorthin machen und passende Bücher ausleihen. Öffentliche Büchereien freuen sich übrigens auch immer über Tipps und Hinweise zu tollen Büchern, die den Bestand sinnvoll erweitern.

Parallel dazu sollten Sie den Buchbestand der Gruppe auf den Prüfstand stellen. Damit Sie im Zweifelsfall nicht gleich mit einem (fast) leeren Regal dastehen, sollten Sie im ersten Schritt die Bücher mit den stärksten Klischeedarstellungen ausrangieren.

Bücher in der Gruppe aussortieren

Bei den Büchern, die in der Gruppe bleiben, sollte **die Lebenswirklichkeit möglichst authentisch dargestellt sein**.

Folgende Fragen können Sie bei der Sichtung und der Entscheidung unterstützen, welche Bücher aussortiert werden sollten. Natürlich kann nicht in allen Büchern das volle Spektrum berücksichtigt werden. Lassen Sie Ihr Bauchgefühl sprechen und stimmen Sie sich im Team ab bei der Entscheidung, auf welche Bücher Sie in Zukunft lieber verzichten möchten:

- Gibt es in den Büchern geschlechtsbezogene Aussagen, die ihnen negativ auffallen?
- Wie sprechen die Personen in den Büchern? Reproduzieren sie Genderklischees?
- Gibt es Männer und Frauen, Jungen und Mädchen in unterschiedlicher Darstellung (z. B. mit verschiedenen Frisuren, Kleidungsstücken, Verhalten)?
- Wie verhalten sich die Personen? Genderklischeetypisch?
- Werden die Kinder in verschiedenen Situationen mit unterschiedlichen Vorlieben dargestellt?
- Werden Männer und Frauen in verschiedenen Rollen dargestellt? (Z. B. als sorgender Elternteil, als erfolgreiche Person.)
- Werden Männer und Frauen in verschiedenen Berufen gezeigt (z. B. auch Maurerinnen, Lokführerinnen, Politikerinnen sowie Erzieher, Entbindungspfleger, Friseure)?
- Sind Personen mit verschiedenen Hauttönen und Haarfarben zu sehen?
- Gibt es Personen mit Behinderungen? (Z. B. mit Rollstuhl.)
- Entdecken Sie Personen mit verschiedenen Körperformen?
- Kommen Personen verschiedenen Alters vor?
- Werden unterschiedliche Familienformen gezeigt? (Z. B. auch Patchwork, alleinerziehend; vgl. Nitsche 2010.)

Wenn dieser Schritt geschafft ist, können Sie den Blick nach vorn richten und überlegen, welche Bücher Sie gern für die Gruppe anschaffen möchten. Die folgenden Fragen zu Ihrem Bücherbestand können Sie bei der Entscheidung unterstützen, welche Art von Büchern Sie anschaffen könnten.

Überlegungen zur Neuanschaffung gendersensibler Bücher

Welche Bücher ergänzen Ihren Bestand am besten? Was haben Sie schon im Gruppenregal? Und was muss unbedingt hinzukommen? Werfen Sie anhand der folgenden Kriterien mal einen kritischen Blick auf den restlichen Bestand Ihrer Bücher nach der Aussortieraktion:

- Werden unterschiedliche Seiten von Jungen gezeigt? Sind sie also beispielsweise mutig, stark, cool, frech, übermütig, abenteuerlustig und ängstlich, schwach, sensibel, zuwendungsbedürftig?
- Gibt es als Hauptfigur einen schüchternen, zurückhaltenden, vielleicht ängstlichen oder zurückgezogenen Jungen, der vermeintlich schwache Seiten zeigt?
- Werden unterschiedliche Seiten von Mädchen gezeigt, dass sie also beispielsweise stark, cool, mutig, frech, übermütig, abenteuerlustig, ängstlich, traurig, zurückgezogen und zuwendungsbedürftig sind?
- Erleben starke Mädchen aufregende Abenteuer und/oder setzen ihre Interessen auch gegen Widerstände durch?
- Gibt es genderneutrale Protagonisten mit genderneutralen Namen, die nicht eindeutig als weibliche oder männliche Figuren zu ermitteln sind, beispielsweise Kinder oder Tiere?
- Werden Mütter fürsorglich, umsorgend und liebevoll dargestellt?
- Gibt es auch Mütter, die leistungsorientiert und erfolgreich (im Beruf) dargestellt sind?
- Werden Väter fürsorglich, umsorgend und liebevoll dargestellt?
- Gibt es auch Väter, die leistungsorientiert und erfolgreich (im Beruf) dargestellt sind?
- Gibt es andere Familienformen als die klassische Kombination von Vater-Mutter-Kind(ern), z. B. Patchworkfamilien, gleichgeschlechtliche Elternteile, alleinerziehende/verwitwete Elternteile?
- Gibt es in Sachbüchern Männer und Frauen, Mädchen und Jungen, die nicht die klassischen Rollen einnehmen und keine geschlechterstereotype Berufe ausüben, beispielsweise Väter, die Babys im Tragetuch bei sich haben, und Frauen, die bei der Feuerwehr arbeiten?

5

Praxisanregungen für eine gender-sensible Kita: Elternarbeit und Ideen für Angebote

(Fast) zum Schluss dieses Buches gibt es noch einmal Praxismaterial zu zwei Bereichen: Ein Thema, das bisher nur sehr kurz angerissen wurde, sind die Eltern der Kita-Kinder. Auch sie gehören natürlich zur Einrichtung und zum Leben dort dazu. Sie sind (im Idealfall) interessiert daran, wie ihre Kinder dort den Alltag verbringen, und natürlich ebenfalls an Änderungen und Neuerung. Und auch Sie als pädagogische Fachkräfte möchten die Erziehungsberechtigten einbinden und eine gute Erziehungspartnerschaft führen. Vielen Eltern sind pädagogische Themen wichtig. Sie fragen Sie persönlich um Rat in schwierigen privaten Situationen mit ihrem Kind, sind an thematisch ausgerichteten Elternabenden interessiert oder daran, sich aktiv in den Kita-Alltag einzubringen.

Das andere Thema, das Ihnen auf den folgenden Seiten begegnet, sind Vorschläge für konkrete Angebote zu Gendersensibilität und Genderbewusstsein, die Sie mit den Gruppenkindern umsetzen können. So können Sie ein Bewusstsein schaffen für einen geschlechtersensiblen und wertschätzenden Umgang miteinander und die Kinder stärken.

5.1 Elternarbeit

Wenn in der Einrichtung neue Wege beschritten werden, ist es immer sinnvoll, die Eltern einzubeziehen. So fühlen sich diese wertgeschätzt und eingebunden.

Und Sie als pädagogisches Team können Ihre Arbeit transparent gestalten, die Erziehungsberechtigten informieren und so die Professionalität Ihrer Arbeit demonstrieren. Das ist wichtig. Elternarbeit beginnt aber schon früher, nämlich bei Ihrer alltäglichen Arbeit: in Form eines gendersensiblen Umgangs mit den Eltern.

5.1.1 Gendersensibler Umgang mit den Erziehungsberechtigten

Vielleicht gehört das Prinzip des Gender Mainstreamings bei Ihnen in der Einrichtung schon ganz selbstverständlich dazu und es ist Ihnen gar nicht wirklich bewusst, dass Sie es hier schon längst anwenden. Oder aber es ist Ihnen bewusst, weil Sie darauf großen Wert legen.

Zum gendersensiblen Umgang mit den Eltern gehört, dass Sie grundsätzlich erst einmal keinen Unterschied zwischen den Geschlechtern machen, beispielsweise nicht immer die Mutter ansprechen, wenn die nächste Bastel- oder Backaktion in der Einrichtung ansteht, wenn Feuchttücher mitgebracht, die Wechselwäsche ergänzt oder der neuen Größe angepasst werden muss. Ebenso gilt, dass Sie nicht ausschließlich den Vater um Unterstützung bitten, wenn Sie Hilfe beim Standaufbau des nächsten Festes brauchen, sondern beide Elternteile (falls beide in die Kita kommen und dort Präsenz zeigen) gleichermaßen im Blick haben. Andere Fragen in dem Zusammenhang sind etwa, wen Sie anrufen, wenn ein Kind plötzlich Fieber bekommt, sich übergibt oder sich eine Verletzung zuzieht. Rufen Sie in solchen Fällen automatisch die Mutter an? Oder haben Sie mit den Eltern vielleicht abgesprochen, welche Person in solchen Situationen am einfachsten erreichbar ist und am schnellsten vor Ort sein kann? Ziehen Sie intuitiv in Erwägung, dass Mütter wie Väter gleichermaßen beruflich eingebunden sind? Genauso sieht es aus, wenn Elternunterstützung benötigt wird, weil ein Ausflug, eine Renovierungsaktion, eine Gartenaktion o. Ä. geplant ist.

Innere Haltung und Erwartungen der pädagogischen Fachkräfte

Neben gemeinsamen Absprachen im Team sind die persönliche Haltung und die eigenen Erwartungen maßgeblich dafür bestimmend, wie Sie mit den Eltern in den Details kommunizieren. Horchen Sie doch mal in sich hinein und

fragen Sie sich, wer aus Ihrer Sicht für das Kind bzw. die Kinder einer Familie verantwortlich ist. Möglicherweise haben Sie automatisch Mütter im Kopf, weil das einem uralten Schema entspricht, das Sie internalisiert haben. Vielleicht fallen Ihnen aber auch unvermittelt konkrete Beispiele ein, Familien, in denen es verschiedene Lösungen gibt. Oder Ihre eigene Lebensgeschichte hat schon dafür gesorgt, dass Ihnen als verantwortliche Person für Kinder und Care-Arbeit nicht automatisch die Mutter in den Kopf kommt. Ein Teilaspekt davon ist natürlich die Frage nach Verfügbarkeit: Gehen Sie automatisch davon aus, dass Mütter zu Hause sind oder in Teilzeit arbeiten, während die Väter Vollzeit tätig sind? Schließen Sie daraus, wer sich um Kita-Notfälle und -Einsätze kümmert? Oder ist es so, dass Sie erst einmal von der Berufstätigkeit bzw. denselben Verfügbarkeiten beider Elternteile ausgehen, wenn Sie es nicht genau wissen?

Je nach Einrichtung ist die **Elternschaft** natürlich **ganz verschieden aufgestellt** im Blick auf diese Themen. In der Großstadt sieht es zumeist anders aus als auf dem Land. Und in der Stadt unterscheiden sich von Viertel zu Viertel beispielsweise auch noch einmal viele Aspekte z. B. Berufstätigkeit der Eltern, Art der Lebensentwürfe. Je nach Bundesland und Region gibt es wiederum ebenfalls Unterschiede, die zum Teil historisch bedingt sind usw.

Allgemeine Aussagen kann man nicht treffen, wohl aber eine Einstellung haben, die verschiedene Möglichkeiten, Familienformen sowie -konstellationen mitdenkt. Ins Elterngespräch werden selbstverständlich explizit beide Erziehungsberechtigten eingeladen und es wird ganz neutral nachfragt, welche Person im Notfall denn kontaktiert werden soll.

Um im Team eine gemeinsame Linie in Bezug darauf festzulegen – falls es sie noch nicht gibt –, kann es hilfreich sein, dass das Team, aber auch jede und jeder Einzelne für sich seine Erwartungen und seine Haltung einmal reflektiert.

REFLEXION ZUM UMGANG MIT DEN ERZIEHUNGSBERECHTIGTEN

Nehmen Sie sich Stifte und Papier und etwa eine Viertelstunde Zeit und denken Sie über die folgenden Fragen nach.

- Wie haben Sie Ihre Anruflisten in der Gruppe für den Notfall organisiert? Wessen Telefonnummer steht beispielsweise als erste in der Spalte „Notfallkontakt"?
- Entscheiden Sie selbst, wen Sie von der Familie anrufen, oder haben Sie die Erziehungsberechtigten gezielt gefragt, wer informiert werden soll?
- Welche Person rufen Sie an, wenn eine Akutsituation (Verletzung, Krankheit usw.) mit dem Kind eintritt?
- Welche Elternteile sprechen Sie an, wenn Unterstützung bei Festvorbereitungen oder Begleitpersonen für Ausflüge gebraucht werden?
- Und wen weisen Sie auf den Aushang hin, auf dem nach Spenden/Beiträgen zum Buffet bei Festen gefragt wird?
- Wen bitten Sie um Hilfe, wenn bspw. das neue Hochbeet aufgestellt werden soll?
- Und wen fragen Sie nach Mitarbeit, wenn Plätzchen gebacken oder Laternen gebastelt werden sollen?

Tauschen Sie sich anschließend dazu im Team aus. Wo haben Sie Gemeinsamkeiten und wo sehen Sie Unterschiede? Wie lässt sich denn vielleicht ein gemeinsamer Weg finden, der allen Beteiligten zusagt?

Die Erziehungsberechtigten abholen und erreichen

Unter „Ihren" Eltern wird es die unterschiedlichsten Positionen zum Thema Gendersensibilität geben. Manche von ihnen werden diesen Begriff noch nie gehört haben, andere setzen sich selbst – vielleicht sogar beruflich – auf die eine oder andere Weise für Gendergerechtigkeit ein. Sie sollten aber auch damit rechnen, auf Abwehr zu stoßen, die verschiedene Ursachen haben kann. Möglicherweise ist es Unsicherheit, die mit dem unbekannten Thema einhergeht, oder das innere Bedürfnis, sich nicht von eigenen Ansichten trennen zu wollen, die zu einer Abwehrhaltung führen. Ebenso können dafür sprachliche

Verständnisprobleme, kulturelle Unterschiede oder eine falsche Vorstellung, was genau gendersensible Bildung und Erziehung für das eigene Kind bedeutet (siehe dazu auch Kapitel 1.3 „Alle tragen nur noch Grau und Beige? – Was bedeutet gendersensible Erziehung", S. 23), dafür verantwortlich sein. Einige Eltern werden sich vielleicht sogar kritisch an den Träger wenden und sich dort beschweren. Auch damit müssen Sie rechnen. Hier heißt es, **sensibel und verständnisvoll** zu **agieren** und **Räume** zu **schaffen**, die **Erklärungen liefern**. Es empfiehlt sich überdies, Informationsmaterial zur Verfügung zu stellen, das aufzeigt, was für positive Auswirkungen gendersensibler Umgang hat und wie viel Freiheit er für die Entwicklung aller Kinder nach sich zieht.

Gutes Informationsmaterial finden Sie beispielsweise bei der **gemeinnützigen Protest- und Bildungsorganisation Pinkstinks** aus Hamburg. Diese setzt sich unter anderem gegen Sexismus und Homophobie sowie für Gendersensibilität in Bildungseinrichtungen ein und arbeitet mit dem Bundesministerium für Familie, Senioren, Frauen und Jugend zusammen. Darunter befindet sich beispielsweise schön gestaltetes Postermaterial für verschiedene Zielgruppen, das Geschlechterstereotype zum Thema macht. Es geht auf diesen auch um deren Entstehung sowie die Gründe, die Menschen dazu bewegen können, sich nicht von ihren Genderschubladen trennen zu wollen. Ebenfalls klären die Poster über Gendermarketing oder über sexuelle Übergriffe auf. Ein Poster könnte beispielsweise am Schwarzen Brett der Einrichtung aufgehängt werden, um über all dies zu informieren. Wie immer gilt auch hier natürlich, dass diese Impulse sicher nicht bei allen Eltern auf Interesse oder Zustimmung stoßen werden.

MIT EINER BROSCHÜRE INFORMIEREN

Bei der gemeinnützigen Organisation Pinkstinks gibt es die kleine Broschüre „Rosa für alle?" (Schmiedel 2020). Auf wenigen Seiten können sich Eltern und auch Erzieher*innen (sowie alle anderen Interessierten) zum Einstieg undogmatisch und inspirierend über gendersensible Erziehung informieren und darüber, welche Vorteile Gendersensibilität für alle (!) bedeutet. Die Broschüre stellt ein niedrigschwelliges wie auch gut nachvollziehbares Angebot dar.

5.1.2 Elternabend, Elternbriefe und Co.

Wenn Sie in Ihrer Einrichtung konkrete Veränderungen angestoßen haben hin zu einer gendersensible(re)n Kita, bleibt das natürlich nicht unbemerkt. Die Kinder erzählen zu Hause vielleicht von neuen Materialien und Büchern oder von der Umgestaltung der Räume. Möglicherweise fällt dies den Eltern selbst auch beim Abholen und Bringen auf. Vielleicht möchten Sie als pädagogisches Team die Erziehungsberechtigten gern aktiv informieren und mitnehmen auf Ihrem Weg. Dazu wäre es z. B. möglich, einen Themen-Elternabend zu planen und zu konzipieren, der allein den Aspekten der gendersensiblen Bildung und Erziehung und der individuellen Umsetzung in Ihrer Einrichtung gewidmet ist. Das bedeutet für das Team natürlich zusätzliche Arbeit, die sich aber sehr auszahlen und das Projekt voranbringen kann.

Einen Themen-Elternabend gestalten

Bei dieser Veranstaltung haben Sie zum einen die Möglichkeit, die Elternschaft mit allgemeinen Informationen zu versorgen sowie ihre konkreten Ideen und deren geplante Umsetzung im Kita-Alltag vorzustellen. Zum anderen haben Sie aber auch die Chance, sich recht schnell einen Eindruck darüber zu verschaffen, **wie die Eltern dem Thema gegenüberstehen**. Gibt es viele fragende Gesichter, die ihnen zeigen, dass weitere Informationen für die Eltern hilfreich sind? Oder rennen Sie mit dem Thema möglicherweise sogar schon offene Türen ein? Gibt es kritische Stimmen, die mithilfe zusätzlicher Informationen ihre Angst vor dem Thema verlieren können? Gibt es in der Elternschaft möglicherweise umgekehrt sogar Personen, die sich gut auskennen im Bereich gendersensibler Bildung? Personen, die sich mit eigenen Ideen selbst einbringen und bei einem konkreten Projekt unterstützen möchten? Vielleicht sieht der Förderverein auch Möglichkeiten, neue Materialien zum Thema (siehe Bücherliste S. 126) für die Kita-Bücherei anzuschaffen bzw. eine Veranstaltung auf die Beine zu stellen, bei der Geld für diesen Zweck gesammelt werden kann.

IDEEN, VORLAGEN UND HINTERGRUNDINFORMATIONEN

Ideen und eine konkrete Vorlage für einen Elternabend in Form einer Microsoft®-PowerPoint-Vorlage mit ergänzenden Hinweisen und Informa-

tionen ist übrigens auch auf der Webseite des Vereins Pinkstinks verfügbar und kostenlos nutzbar. Die Vorlagen können Sie als Basis verwenden und mit eigenen Plänen, Ergebnissen und Fotos von Veränderungen ergänzen.

Einen Elternbrief konzipieren

Eine andere Möglichkeit, die Eltern zu erreichen, um sie zu informieren, ist ein Elternbrief. Der Vorteil ist, dass Sie ihn allen Eltern mitgeben können, während zu einem Elternabend ja erfahrungsgemäß vor allem die ohnehin Engagierten auftauchen. Der Nachteil besteht natürlich darin, dass Sie weder beobachten können, wie der Elternbrief aufgenommen wird, noch Ergänzungen und weitere Informationen geben können. Und zuletzt können Sie natürlich nicht wissen, wer den Brief überhaupt liest. Dennoch kann es nicht schaden, einen informierenden Brief zum gendersensiblen Weg Ihrer Einrichtung vorzubereiten, der vielleicht auch auf die Webseite der Einrichtung oder des Trägers oder auf die Konzeption verweist. Damit haben Sie eine kurze Einführung griffbereit, um Interessenten und neue Kita-Eltern unkompliziert und ohne großen Aufwand zu informieren.

IDEEN UND IMPULSE FÜR INHALTE FÜR EINEN ELTERNBRIEF

Wenn Sie einen Elternbrief schreiben möchten, können Ihnen die folgenden Stichpunkte dabei helfen, ein eigenes Konzept zu formulieren.

- Die Eltern mit einem Praxisbeispiel abholen (z. B. dass sich die Kinder im Kita-Alter mit ihrer Geschlechtsidentität befassen und sie entdecken, siehe auch S. 53 f.)
- Projekt bzw. Umsetzung gendersensibler Bildung und Erziehung in der Kita kurz vorstellen
- Das Ziel Ihrer gendersensiblen Arbeit formulieren (alle Kinder sollen ihren vielfältigen Interessen nachgehen und alle Fähigkeiten entwickeln können)
- Eltern animieren, Fragen zu stellen und Gesprächsangebote wahrzunehmen
- Eine Liste mit einer Auswahl an empfehlenswerten Bilderbüchern anfügen

5.2 Ideen für Angebote

In den Angeboten für die Kinder Ihrer Gruppe können Sie gendergerechte und vorurteilsbewusste Aspekte aufgreifen. Dabei können Sie die Kinder stärken und ihnen vermitteln, dass es okay ist, die gesamte Palette an Emotionen zu spüren und zu zeigen. Zudem können Sie die Jungen und Mädchen dazu ermuntern, ihren Interessen zu folgen. In diesem Kapitel finden Sie fünf verschiedene Angebote, mit denen Sie das Selbstwertgefühl stärken, einander wertschätzen und auf die Individualität aller Menschen hinweisen können.

5.2.1 Kreisspiel Berufe

Ort: Gruppenraum

Alter: Ab drei Jahren

Material: Für jedes Kind: 1 Sitzkissen

So geht's

Sprechen Sie im Sitzkreis mit den Kindern darüber, welche Berufe sie kennen. Benutzen Sie dabei gezielte Fragen und Formulierungen, um Genderstereotype zu vermeiden. Die folgenden Fragen können dabei helfen:

- Was möchtet ihr später mal werden? Warum?
- Was tut man in diesem Beruf?
- Welchen Beruf haben eure Eltern?
- Welche anderen Berufe kennt ihr?
- Was tut man in diesen Berufen?

Ziel dieses Angebotes ist, gemeinsam zu besprechen, dass Berufe genderunabhängig sind.

5.2.2 So bin ich!

Ort: Turnraum oder sehr großer Gruppenraum

Alter: Ab drei Jahren

Material: Flipchart oder großes Poster, dicke Filzstifte, Wachsmalstifte und/oder Buntstifte

Für jedes Kind: 1 Stück Packpapier in Körpergröße

Vorbereitung

Sie sitzen gemeinsam mit den Kindern im Kreis und sprechen mit ihnen darüber, welche Eigenschaften und Merkmale ein Mensch haben kann. Dafür zeichnen Sie auf den Flipchart oder das Poster zunächst einen möglichst großen Körperumriss, über den Sie Ihren Namen schreiben. Dann geben Sie Beispiele anhand Ihrer eigenen Person: „Ich habe braune lockige Haare, trage eine Brille, bin oft fröhlich, mag Katzen und Fußball …" Jede Eigenschaft und jedes Merkmal zeichnen Sie am oder neben dem aufgemalten Körperumriss auf: braune Locken, Brille auf der Nase, lachender Mund, Katze neben dem Bein und einen Fußball. Anschließend sammeln Sie gemeinsam weitere mögliche Merkmale und Eigenschaften, die Sie z. B. in Form von Symbolen ebenfalls auf das Flipchart bzw. Plakat zeichnen.

So geht's

Die Kinder legen sich jeweils auf ihr Stück Papier und mit Ihrer Hilfe wird der Körperumriss aufgezeichnet. Dann schreiben die Kinder ihren Namen auf das Plakat und malen ihre Eigenschaften und Merkmale an den Körperumriss – falls nötig mit Ihrer Unterstützung. Im abschließenden Sitzkreis wertschätzen Sie gemeinsam jede Zeichnung und wer mag, erklärt, welche Eigenschaften und Merkmale er bzw. sie hat.

Zum Schluss stellen Sie gemeinsam fest, dass jede*r einzigartig und einmalig ist mit seinen*ihren ganz eigenen bunten Eigenschaften und Merkmalen.

5.2.3 Du bist toll!

Ort: Gruppenraum

Alter: Ab drei Jahren

Material: 1 kleiner Ball

Für jedes Kind: 1 Sitzkissen

Vorbereitung

Alle sitzen gemeinsam im Sitzkreis und Sie erklären den Kindern, was Komplimente sind: Einer anderen Person etwas Nettes zu sagen, z. B. „Ich mag es, wie lustig du bist“, „Mir gefällt, dass du anderen hilfst“, „Du kannst so schön singen“.

So geht's

Sie halten den kleinen Ball in den Händen und beginnen, indem Sie einem Kind den Ball zurollen und ein Kompliment machen. Dieses rollt den Ball zu einem anderen Kind und spricht ihm ebenfalls ein Kompliment aus. So wird weitergemacht, bis jedes Kind ein Kompliment bekommen hat. Wenn die Kinder Lust haben, kann noch so lange weitergespielt werden, wie alle möchten.

Sprechen Sie abschließend gemeinsam darüber, wie gut es sich anfühlt, Komplimente zu bekommen.

5.2.4 So fühle ich!

Ort: Gruppenraum

Alter: Ab drei Jahren

Material: 1 schön bemalter Stein

Vorbereitung

Alle sitzen im Stuhlkreis. Heute möchten Sie über Gefühle sprechen. Sie erklären, dass alle Gefühle sein dürfen. Zum Einstieg tragen Sie erst einmal gemeinsam Gefühle zusammen, die sie kennen, z. B. Freude, Trauer, Wut, Neugier, Langeweile, Stolz, Aufregung, Geborgenheit.

So geht's

Anschließend machen Sie reihum eine So-fühle-ich-mich-Runde. Sie halten den schön bemalten Stein in der Hand und beginnen, indem Sie sagen, wie Sie sich heute fühlen. Dabei sollten Sie ehrlich sein, da die Kinder spüren werden, wenn Ihre Aussage nicht authentisch ist. Sie sagen z. B.: „Ich fühle mich fröhlich." Dann geben Sie den Stein an das Kind links neben sich weiter, das wiederum das Gefühl nennt, das es gerade empfindet. Wenn der Stein einmal im Kreis herumgegangen ist, können alle, die möchten, noch begründen, warum sie sich so fühlen.

Medientipp: Geschichten mit Impulsfragen und Anregungen für die Praxis über 30 verschiedene Gefühle

Katia Simon (2020): Kennst du das Gefühl ...? – 30 Gesprächsbildkarten für Kinder von 3 bis 6. Verlag an der Ruhr

5.2.5 Bilderbuch-Club

Ort: Gruppenraum

Alter: Ab vier Jahren

Material: Blatt Papier, Stift, Auswahl an Bilderbüchern mit Kindern und Erwachsenen in verschiedenen Rollen, aber mit möglichst nicht mehr als vier Personen und nicht zu viel Text

Für jedes Kind: 1 Sitzkissen

Vorbereitung

Alle sitzen im Kreis, in der Mitte liegt der Stapel mit Bilderbüchern. Gemeinsam entscheiden Sie sich für das erste Bilderbuch, das Sie vorlesen. Sprechen Sie nun darüber, welche Personen es in der Geschichte gibt und welche Rolle sie haben.

Jetzt schlagen Sie vor, dass die Personen die Rollen tauschen. Beispielsweise könnte die Mutter die Rolle der Tochter übernehmen, die Tochter die Rolle des Vaters und der Vater die Rolle der Mutter. Und so lesen Sie die Geschichte dann ein weiteres Mal vor. Aus „Lina ging in ihr Kinderzimmer. Papa kam hinterher und las ihr eine Gute-Nacht-Geschichte vor, während Mama mit einer Freundin telefonierte" wird dann „Mama ging in ihr Kinderzimmer. Lina kam hinterher und las ihr eine Gute-Nacht-Geschichte vor, während Papa mit einer Freundin telefonierte". Sprechen Sie darüber, welcher Rollentausch lustig oder verrückt ist und welche Rollenwechsel sich ganz normal anfühlen.

Vereinfachte Variante

Sie tauschen bei einem Bilderbuch mit stereotyper Rollenverteilung die Pronomen und Namen vor dem Vorlesen aus: Mädchen werden zu Jungen und umgekehrt, Männer werden zu Frauen und umgekehrt.

Fällt das den Kindern auf?

6

Darauf sollten Sie achten

Wenn Sie das Buch von vorne bis hierher gelesen haben, haben Sie eine Menge über gendersensible Bildung und Erziehung erfahren und dabei vielleicht Neues gelernt. Möglicherweise haben Sie dabei auch Ideen gesammelt, die Sie gern umsetzen möchten – und es kann sein, dass Sie auch schon damit begonnen haben, sich auf den Weg zu machen. Sie sind voller Begeisterung, fühlen sich gut gerüstet und möchten das Thema „Gendersensibilität" in die Welt tragen.

Doch **Vorsicht!** Es gibt einige **Fallstricke**, über die Sie schneller stolpern können, als Sie vielleicht glauben. In den beiden folgenden Unterkapiteln „6.1 Ihre eigene Haltung" und „6.2 Stolpersteine" erfahren Sie einiges darüber, wie Sie sich selbst bei Ihren Vorhaben in die Quere kommen können, wo die äußeren Hürden lauern und was Sie dagegen tun können.

6.1 Ihre eigene Haltung

Ihre eigene offene Haltung und Ihre positive Einstellung zum Thema ist die Grundbedingung dafür, Gendersensibilität in Ihrer Einrichtung gelungen umsetzen zu können. Dazu tragen nicht nur Ihre neuen Erkenntnisse und Überzeugungen bei, sondern maßgeblich auch Ihre alten Erfahrungen und die Ereignisse, die Ihr Leben bisher prägten. Die Werte und Normen, die Sie mitbekommen haben, spielen überdies eine Rolle. Das bedeutet, dass Ihre eigene Biografie mit großem Gewicht mit einfließt in Ihre Arbeit als pädagogische Fachkraft. Vielleicht haben Sie das an der einen oder anderen Stelle schon deutlich gespürt, denn es ist sehr gut möglich, dass Ihre Vergangenheit und die Muster, die Sie internalisiert haben, Ihrer aktuellen Meinung und Einstellung widersprechen..

Gerade **Erfahrungen und Prägungen aus der eigenen Kindheit sind sehr tief in Ihnen verankert**. Dazu können eine Menge schlechte Erlebnisse gehören oder auch Werte und Normen, die mit der Gendersensibilität nur schwer zu vereinbaren sind. Deshalb ist es wichtig, dass Sie sich vorab gründlich mit Ihrer eigenen Biografie befassen und Ihre **eigene Geschichte ausreichend reflektieren**, um diese **Widersprüche aufzulösen**. Andernfalls kann es geschehen, dass Sie diese unterschwelligen Prägungen mit in Ihre Arbeit in der Kita einfließen lassen. Das sollten Sie beachten.

6.1.1 Wenn alte Erfahrungen und Prägungen sich zeigen

Unter Stress und oft unerwartet können „alte Geschichten" überraschend sichtbar werden und regelrecht reingrätschen. Hier kann es um ganz verschiedene Situationen gehen. Möglicherweise sind es Genderstereotype, die Sie in unbedachten Momenten reproduzieren – sie erwarten etwa von Jungen, in emotional schwierigen Situationen nicht zu weinen bzw. Sie trösten sie weniger als Mädchen. Oder Sie fühlen sich plötzlich davon gestört, wenn ein Junge mit einem Kleid oder einem rosafarbenen Pullover mit Glitzermotiv zur Kita kommt und können dann nicht so reagieren, wie Sie es eigentlich wollen. Oder es sind sogar eigene Traumata, die in einzelnen Situationen plötzlich getriggert werden und Sie nicht nach Ihren eigenen Maßstäben handeln lassen.

Reflexion eigener negativer Prägungen, Unsicherheiten und Befangenheiten kann zu einem gelasseneren, empathischen und sensiblen Umgang führen und auch das Auftreten negativer Gefühle verhindern (vgl. Hubrig 2016). Dazu sind beispielsweise die Reflexionsfragen 3 im Kapitel „3.3 Reflexion – Gendersensibilität in Ihrer Einrichtung" (siehe S. 38) ein erster Schritt. Falls Sie ahnen, dass es bei Ihnen **wunde Punkte** geben könnte, kann es ratsam sein, ein bisschen genauer hinzuschauen – vielleicht auch mit professioneller Unterstützung.

6.1.2 Mit sich selbst nachsichtig sein und üben

Dass diese „alten Gedanken" sich manchmal einen Weg in den Kopf bahnen, ist wie gesagt jedoch nichts Ungewöhnliches und sehr menschlich. **Altbekannte Strukturen und ausgetretene Wege** in Form von traditionellen Geschlechterbildern werden schnell ungewollt (wieder) reproduziert. Denn sie sitzen einfach seit vielen Generationen tief verankert in den Köpfen. Das geht sehr vielen Menschen so. Deshalb sollten Sie sich auch nicht schlecht fühlen, wenn das geschieht und Sie sich eigentlich schon sicher und auf einem guten Weg meinten. Diese Rückfälle müssen auch keine großen Sachen sein. Möglicherweise tappen Sie mal wieder in die **Lobfalle** und geben Mädchen für ihr hübsches Outfit eine Rückmeldung oder für helfende Aktivitäten. Bei Jungen geben Sie diese dann für besonderen Mut oder auffallend gute sportliche Leistungen. Beides ist natürlich auch in gendergerechtem Kontext möglich, solange Sie auch bei Jungen Hilfe und Unterstützung für andere sowie deren Aussehen hervorheben und Mädchen durch ein sportliches Lob anspornen.

Tauschen Sie sich dazu vielleicht auch im Team aus und **geben Sie sich gegenseitig Feedback**, falls Sie das möchten. Das sollten Sie jedoch vorher miteinander vereinbaren und nicht vorschnell einfach in besten Absichten geben.

6.1.3 Vorbild sein

Für die Kinder in Ihrer Gruppe sind Sie ein Vorbild. Immer. Wenn Ihre eigene Haltung klar ist und Sie bewusst Werte wie **Toleranz, Respekt und Offenheit** für Vielfalt (nicht nur in Bezug auf Gender natürlich!) vorleben, werden Sie feststellen, dass das im besten Sinne nicht folgenlos bleibt. Ganz bestimmt haben Sie das auch schon beobachtet – entweder bei sich selbst oder bei Teamkolleg*innen. Das ist natürlich eine große Verantwortung, die belasten kann, wenn man es besonders gut machen möchte und sich dann ärgert, wenn es mal nicht gelingt. Auch hier gilt, dass der Weg der kleinen Schritte eigentlich der Erfolg versprechendere ist. Mit Konsequenz immer mehr Elemente in das eigene Repertoire aufzunehmen, ist langfristig nachhaltiger als eine Hauruck-Aktion, die gleich alles auf den Kopf stellt, aber nicht durchgehalten wird.

Neue Wege vorleben

Zu den neuen Wegen, die Sie gemeinsam mit Ihren Teamkolleg*innen gehen möchten, gehört, neben der **eigenen Haltung** natürlich auch das eigene Verhalten **auf den Prüfstand** zu **stellen**. Wie genderkonform im stereotypen Rahmen verhalten Sie sich? Gibt es auch „geschlechtsuntypisches" Verhalten, das ein Teil von Ihnen ist, und das Sie in der Kita sichtbar machen? Es ist wichtig, die Kinder auch daran teilhaben zu lassen. Denn so leben Sie Ihnen die Vielfalt vor, statt nur darüber zu erzählen, davon vorzulesen oder sie bei den Kindern zu fördern. Auch unter Erwachsenen gibt es Vielfalt und die ist selbstverständlich Teil des Alltags. Das ist auch eine Frage, die Sie in der Teamreflexion in Kapitel „3.3 Reflexion – Gendersensibilität in Ihrer Einrichtung" (siehe S. 38) bereits bearbeitet haben. Verlieren Sie den Aspekt nicht aus dem Blick.

Auch wenn wir es nicht wollen, verfallen wir alle doch allzu schnell in unsere **internalisierten Rollenbilder**, die wir selbst von Kindesbeinen an gelernt haben. So ist es beispielsweise ein ganz klassisches Phänomen – vor allem in Berufen, die oft von Frauen ausgeübt werden –, dass ein Mitarbeiter im Team, ein Mann, automatisch für Tätigkeiten eingespannt wird, die mehr Kraft und andere Männern zugeschriebene Attribute verlangen. Er würde als eine Art Hausmeister betrachtet und nicht als Erzieher. Und falls Sie feststellen, dass in Ihrem gemischtgeschlechtlichen Team die klassische Rollenverteilung zu sehr einreißt, dann werfen Sie doch noch einmal einen kritischen Blick darauf und überlegen Sie gemeinsam, wie Sie daran (wieder) etwas ändern können.

6.2 Stolpersteine

Es gibt ein paar typische **Stolpersteine**, die im Kontext mit Gendergerechtigkeit auf uns alle warten. Wer sie kennt, ist gewappnet und hat gute Chancen, den **Fettnäpfchen** von vornherein auszuweichen bzw. sofort zu bemerken, dass etwas in die falsche Richtung geht. Dann kann der Kurs korrigiert werden.

Dabei geht es vor allem um das eigene Verhalten und die eigene Haltung, aber natürlich auch um das ganze Team. Wie eben bereits erwähnt, ist es sinnvoll, zu Beginn des Projektes miteinander abzusprechen, in welchem Rahmen und in welchem Kontext Kritik geübt werden darf und soll – vielleicht haben Sie in

Ihrem Team ja auch schon eine bewährte Kritik- und Feedback-Kultur, die hier zum Einsatz kommen kann.

6.2.1 Was Gendergerechtigkeit nicht ist

Ein großer Stolperstein betrifft den Aspekt „Was Gendergerechtigkeit alles nicht ist". In Kapitel 2 „‚Gendersensibilität' – was bedeutet das eigentlich?" haben Sie ja auch schon einiges darüber erfahren, welche Vorstellungen und Erwartungen mit dem Begriff einhergehen können, wenn er noch nicht so geläufig ist und welche Assoziationen möglicherweise entstehen. Wenn Menschen etwas ‚richtig' machen möchten, aber noch nicht viel wissen, kann es oft zu falschen Auffassungen kommen.

Ein Aspekt ist die **Frage nach den Farben**. „Tragen alle nur noch Beige und Grau?", das ist tatsächlich keine überspitzte Darstellung, sondern eine ernst gemeinte Frage, die so oder so ähnlich gar nicht mal so selten gestellt wird. Wir wissen, dass, Genderstereotype aufzubrechen, ja nicht bedeutet, jemandem etwas zu verbieten oder alle einheitlich auszustatten, sondern genau das Gegenteil. Es bedeutet ebenfalls nicht, dass kein Kind mehr Rosa oder Blau tragen „darf", sondern dass ganz selbstverständlich **alle Personen alle Farben** tragen können, ohne auf komische Reaktionen bei anderen zu stoßen.

Es kann allerdings passieren, dass wir selbst so stark vermeiden, Genderklischees zu reproduzieren, dass wir beispielsweise die Farben Rosa und Hellblau in der Kleidung für unsere eigenen Kinder oder in den Gegenständen und Materialien für die Kinder in der Kita kategorisch ausschließen, um die **Genderfallen** zu vermeiden. Das ist natürlich überhaupt nicht nötig und übrigens genauso wenig gendergerecht wie ein Farbentausch. Der erinnert ein bisschen an die Praxis des Berufetauschs in den 1970er-Jahren, als Männer in der zweiten feministischen Welle gezielt in klassische Frauenberufe gingen und Frauen in die Männerdomänen einstiegen. So kann sich das Richtige finden – muss es aber nicht!

So sieht es mit den Farben eben auch aus: Blau ist eine wunderbare Farbe für Mädchen und Rosa eine wunderbare Farbe für Jungen und umgekehrt passt es ebenfalls. Wer aber unter dem Schirm des vorurteilsbewussten Handelns Mädchen ausschließlich in Blau und Jungen in Rosa ausstattet oder Mädchen

gezielt Autos, Parkhäuser und Piratenbücher in die Hand drückt und Jungen mit Babypuppe, Prinzessinnenkleid und Glitzerstiften ausstattet, stolpert sehr. Gendergerechtigkeit bedeutet nicht, dass alte Rollenstrukturen und -klischees plötzlich umgedreht und alle Rollen getauscht werden. Falls Sie jemanden kennen, der genau in diese Fettnäpfchen tritt, der tut das mit sehr großer Wahrscheinlichkeit aus Unsicherheit und angetrieben von dem großen Wunsch, es genau richtig zu machen. Seien Sie entsprechend umsichtig mit der Person.

6.2.2 Alle Bildungsbereiche sehen

Über die Bildungsbereiche haben Sie schon ein ganzes Kapitel gelesen und darin einiges über die Möglichkeiten erfahren, sie aus gendersensibler Perspektive zu betrachten. Sie haben in Kapitel 3 „Wir machen uns auf den Weg" auch darüber gelesen, wie Sie **mit Fallstricken souverän umgehen**, diese von vornherein mitdenken und alternative Wege gehen, um Jungen und Mädchen gleichermaßen die Chance zu geben, sich hier zu entfalten. Sie haben zudem Anregungen bekommen, die einzelnen Bildungsbereiche miteinander zu verbinden und Angebote zu konzipieren, die mehr als nur einen Bereich abdecken.

Dennoch hier auch noch ein Hinweis in der Stolperkategorie. Denn wie schnell passiert es, dass wir uns auf einen Themenaspekt so sehr konzentrieren, dass wir **das große Ganze aus dem Blick verlieren**. Das betrifft auch die Gesamtheit der Bildungsbereiche im Genderkontext. Es ist wichtig, alle Bildungsbereiche ganz selbstverständlich einzubeziehen, jedoch keinen exponiert und über alle Maßen zu fokussieren.

Dies könnte beispielsweise im Bereich „Naturwissenschaft" geschehen, der in vielen Einrichtungen ohnehin (noch) nicht so sehr im Fokus steht und eine sehr männlich besetzte Domäne ist. Ihm jetzt umgekehrt plötzlich ein deutlich größeres Gewicht zu geben als beispielsweise der „Medienkompetenz" oder dem Bereich „Religion, Ethik und Philosophie" ist auch kein Vorteil.

6.2.3 Gefühle sind für alle da

Ja, natürlich! Gefühle sind für alle da. Das wissen wir alle. Und auch Sie haben diesen Satz vermutlich schon unzählige Male gehört und auch selbst gesagt.

Trotzdem werden Gefühle nicht selten je nach Geschlecht unterschiedlich bewertet.

Zu Beginn des Buches und auch im letzten Kapitel in „6.1 Ihre eigene Haltung" ging es schon darum: **Internalisierte und tief sitzende Einstellungen** zu **überwinden,** ist wirklich viel Arbeit. Nicht selten ertappen wir uns dabei, diese „ollen Kamellen" aus Versehen wieder auszupacken und unsere Bewertungen von Situationen daran auszurichten. Bei anderen trifft das ebenfalls zu. Wilde Jungen „sind eben so", Mädchen hingegen sollten doch am besten angepasst und freundlich sein und keinesfalls herumwüten. Mädchen, die weinen, werden oft intuitiv mehr getröstet als Jungen, bei denen die Tränen rollen – wie schnell ist das gedacht und getan? Das anders zu sehen und anders zu reagieren, wenn man es aber so gelernt hat, muss man erst einmal üben.

Und das ist nicht nur in Bezug auf Kinder und ihre Emotionen so. Gefühle bei anderen zu beobachten, löst immer **Gefühle bei uns selbst** aus. Unter Erwachsenen ist es nicht anders. Wütenden Frauen wird oft unterstellt, hysterisch zu sein oder sich in etwas hineinzusteigern. Sie werden häufig nicht ernst genommen und der Grund ihrer Wut nicht anerkannt. Dieser Stempel wird sowohl aus männlicher Richtung aufgedrückt als auch aus weiblicher. Bei Männern hingegen wird der Ausdruck derselben Gefühle von allen viel mehr akzeptiert und als Durchsetzungsvermögen ausgelegt. Wenn Männer aber weinen, womöglich auch noch in aller Öffentlichkeit vermeintlich eine Schwäche zeigen, wird schräg geschaut, bei Frauen wiederum werden Tränen eher gebilligt.

Ja, das ist alles nichts Neues. Darum ging es auch in diesem Buch schon häufiger. Dennoch zählen die Reaktionen auf ausgedrückte Emotionen anderer Personen zu den großen Stolpersteinen, weil sie so schwer rational zu steuern sind. Unsere Reaktionen sind so impulsiv und emotional.

6.2.4 Niemanden vergessen

Wir alle, oder zumindest die meisten von uns, kennen es gut, wie es ist, wenn wir uns mit Begeisterung und allem, was wir haben, einem (neuen) Thema zuwenden und uns komplett darauf einlassen. Manchmal neigen wir dann dazu, wenig nach links und rechts zu schauen und den Fokus sehr klar zu setzen, in dem Fall auf das Thema „Gender" und „Gendersensibilität". Auch hier können wir stolpern: Mit dem bewussten Umgang mit den Geschlechtern und den (vermeintlichen) Geschlechtergrenzen und mit der **Öffnung hin zu mehr Vielfalt** sind wir noch nicht am Ziel angekommen.

Der Weg hin zu Respekt, Wertschätzung und einem gleichberechtigten Miteinander geht weiter und dabei sollten wir niemanden vergessen. Im Idealfall denken wir gleich alle mit, vor allem die Personen, die häufig strukturell diskriminiert und benachteiligt werden.

Der Begriff „intersektional" wird auch dafür benutzt, wenn man diese Gruppen gleichzeitig mit im Blick hat und sich nicht nur auf einen Aspekt bezieht. Das betrifft beispielsweise Menschen mit Behinderungen, Personen, die von sozialen Ungleichheiten betroffen sind, die mit Sprachbarrieren zu kämpfen haben, die aufgrund kultureller Unterschiede Schwierigkeiten haben, ausgegrenzte Minderheiten usw. Sie **alle sollten wir berücksichtigen und nicht vergessen.** Möglicherweise rennt dieser Aspekt bei Ihnen auch schon offene Türen ein und Sie und die Kolleg*innen sind im Kita-Alltag in dieser Hinsicht schon sehr engagiert, entwickeln Ideen und Konzepte, die alle mitbedenken. Und falls Sie es noch nicht sind: Auch dieser Weg kann nur Schritt für Schritt gegangen werden.

7 Anhang

Literatur- und Medientipps

Beschluss der Jugendministerkonferenz und der Kultusministerkonferenz (2004): Gemeinsamer Rahmen der Länder für die frühe Bildung in Kindertageseinrichtungen. Link: https://www.kmk.org/fileadmin/Dateien/veroeffentlichungen_beschluesse/2004/2004_06_03-Fruehe-Bildung-Kindertageseinrichtungen.pdf (aufgerufen am 10.02.2021).

Blank-Mathieu, Margarete (2001): Was eine Kinderzeichnung verrät. Link: https://www.kindergartenpaedagogik.de/fachartikel/bildungsbereiche-erziehungsfelder/kunst-aesthetische-bildung-bildnerisches-gestalten-basteln/429 (aufgerufen am 8.3.2021).

Brüning, Barbara (2007): Philosophieren mit Kindern im Kindergarten. Link: https://www.kindergartenpaedagogik.de/fachartikel/bildungsbereiche-erziehungsfelder/kognitive-bildung/1563 (aufgerufen am 11.03.2021).

Bundesagentur für Arbeit (2020): Blickpunkt Arbeitsmarkt – Pädagogisches Personal in der Kinderbetreuung und -erziehung, Nürnberg, Oktober 2020. Link: https://statistik.arbeitsagentur.de/DE/Statischer-Content/Statistiken/Themen-im-Fokus/Berufe/Generische-Publikationen/AM-kompakt-Kinderbetreuung-erziehung.pdf?__blob=publicationFile&v=6 (aufgerufen am 24.03.2021).

Bundesministerium des Inneren, für Bau und Heimat (2018): Zusätzliche Geschlechtsbezeichnung „divers" für Intersexuelle eingeführt. Link: https://www.bmi.bund.de/SharedDocs/pressemitteilungen/DE/2018/12/drittes-geschlecht.html (aufgerufen am 09.03.2021).

Cremers, Michael/Krabel, Jens/Calmbach, Marc (2010): Männliche Fachkräfte in Kindertagesstätten. Eine Studie zur Situation von Männern in Kindertagesstätten und in der Ausbildung zum Erzieher. Katholische Hochschule für Sozialwesen Berlin und Sinus Sociovision GmbH. Heidelberg/Berlin: Bundesministerium für Familie, Senioren, Frauen und Jugend.

Diewald, Gabriele/Steinhauer, Anja (2020): Handbuch geschlechtergerechte Sprache. Wie Sie angemessen und verständlich gendern. Duden: Berlin.

Diverse Autoren: Kleine Forscher in der Kita – Buchreihe. Mülheim: Verlag an der Ruhr.

Elsen, Hilke (2020): Gender – Sprache – Stereotype. UTB. Narr Francke Attempo Verlag: Tübingen.

Focks, Petra (2016): Starke Mädchen, starke Jungen. Genderbewusste Pädagogik in der Kita. Herder: Freiburg.

Fritz, Maike/Schlag, Bernd (2018): Kinderleichte und spannende Experimente. Naturwissenschaftliche Alltagsphänomene mit Kita-Kindern erforschen. Cornelsen.

Gleichstellungsbüro der Universität Osnabrück (2021): Sprache und Geschlecht. Link: https://www.uni-osnabrueck.de/universitaet/organisation/zentrale-verwaltung/gleichstellungsbuero/verknuepfte-seiten/sprache-und-geschlecht (aufgerufen am 08.03.2021).

Gümüşay, Kübra (2020): Sprache und Sein. Hanser Berlin in der Carl Hanser Verlag GmbH & Co. KG: München.

Herrmann, Sebastian (2017): Meine Puppe, dein Auto. Süddeutsche Zeitung, 18.12.2017. Link: www.sueddeutsche.de/wissen/erziehung-meine-puppe-dein-auto-1.3779772 (aufgerufen am 12.02.2021).

Hubrig, Silke (2015): Spiele für Jungs – Spiele für Mädchen. Praxisangebote für die bewusste Mädchen- und Jungenförderung in der Kita. Ökotopia.

Hubrig, Silke (2016): Stolperstein Gender. In: Betrifft Kinder 10/2016. Link: https://www.betrifftkinder.eu/zeitschrift/betrifft-kinder/betrifft-kinder-2016/bk-10-2016/1673-stolperstein-gender.html (aufgerufen am 09.03.2021).

Koch, Bernhard (2014): Der Kindergarten unter der Perspektive von Raumgestaltung und Raumnutzung. Link: https://www.kindergartenpaedagogik.de/fachartikel/raumgestaltung/grundsaetzliches/1085 (aufgerufen am 09.03.2021).

Läuger, Louie (2020): Gender-Kram. Illustrationen und Stimmen zum Geschlecht. UNRAST-Verlag: Münster.

Lehner, Erich (o. J.): Geschlechtsidentität bei Kindern. Link: https://www.elternbildung.at/expert-inn-enstimmen/entwicklung-der-geschlechtsidentitaet-bei-kindern (aufgerufen am 10.03.2021).

Mocker, Daniela: Warum Jungen in der Schule auf der Strecke bleiben. Spektrum.de 03.07.2015. Link: https://www.spektrum.de/news/warum-jungen-in-der-schule-auf-der-strecke-bleiben/1353755 (aufgerufen am 11.03.2021).

Nentwich, Julia/Vogt, Franziska Vogt/Tennhoff, Wiebke (o. J.): Gender in der Kita. Link: http://vpod-bildungspolitik.ch/?p=2147 (aufgerufen am 12.02.2021).

Neubauer, Gunter (2013): Gleichstellung beginnt im Kindergarten. Eine Arbeitshilfe zur Umsetzung von Gender Mainstreaming in Kindertageseinrichtungen für das Ministerium für Arbeit und Sozialordnung, Familie und Senioren Baden-Württemberg – Geschäftsstelle Gender Mainstreaming.

Nitsche, Kerstin (2010): Geschlechtersensible Sprachförderung im Kita-Alltag. Link: https://kindergartenpaedagogik.de/fachartikel/bildungsbereiche-erziehungsfelder/geschlechtsbezogene-erziehung-sexualerziehung/2061 (aufgerufen am 12.02.2021).

Pickert, Nils (2020): Her mit dem Glitzer. In: DIE ZEIT Nr. 5 vom 23. Januar 2020, Beilage Familie.

Pickert, Nils (2020): Prinzessinnen-Jungs. Wie wir unsere Söhne aus der Geschlechterfalle befreien. Beltz: Weinheim/Basel.

Pithan, Annebelle (2010): Geschlechtergerechte Religionspädagogik der Vielfalt. LOCCUMER PELIKAN 2/2010. Link: www.rpi-loccum.de/material/pelikan/pel2-10/theo_pithan (aufgerufen am 09.03.2021).

Rohrmann, Tim (2003/2005): Gender Mainstreaming in Kindertageseinrichtungen. Aus: Kindertageseinrichtungen aktuell, Ausgabe ND, 2003, Jg. 11, Teil 1: Heft 11, S. 224–227; Teil 2: Heft 12, S. 248–252. Aktualisiert August 2005.

Rohrmann, Tim/Wanzeck-Sielert, Christa (2018): Mädchen und Jungen in der KiTa. Körper – Gender – Sexualität. W. Kohlhammer: Stuttgart.

Rohrmann, Tim: Gender im Kontext der Arbeit mit Kindern in den ersten drei Lebensjahren. Link: www.kita-fachtexte.de/fileadmin/Redaktion/Publikationen//FT_Rohrmann_OV.pdf (Zugriff: 09.03.2021).

Rohrmann, Tim (2013): Arbeitshilfe Geschlechter-Perspektiven Mädchen und Jungen, Frauen und Männer in katholischen Tageseinrichtungen für Kinder. Diözesan-Caritasverband für das Erzbistum Köln e.V.. Link: www.katholische-kindergaerten.de/sites/default/files/fachportal/publikationen/geschlechterperspektiven.pdf (aufgerufen am 09.03.2021).

Schmiedel, Stevie Meriel (2015): Pink für alle! Der neue feministische Protest gegen Sexismus in Werbung und Spielzeug. 2. Ver. Auflage. Pinkstinks Germany e. V.: Hamburg.

Schmiedel, Stevie Meriel (2020): Rosa für alle? Gendersensible Erziehung in der Kindertagesstätte und Zuhause. Pinkstinks Germany e. V: Hamburg.

Schnerring, Almut/Verlan, Sascha (2014): Die Rosa-Hellblau-Falle. Für eine Kindheit ohne Rollenklischees. Verlag Antje Kunstmann: München.

Simon, Katia (2020): Kennst du das Gefühl …? – 30 Gesprächsbildkarten für Kinder von 3 bis 6. Verlag an der Ruhr: Mülheim.

Stadt Zürich Geschäftsbereich Kinderbetreuung (2019): Leitfaden gendergerechte Raumgestaltung in Kitas.

Wahlström, Kajsa (2013): Jungen, Mädchen und Erzieher/innen. Geschlechterbewusste Pädagogik für die Kita. Aus dem Schwedischen von Corinna Müller. Beltz Verlag: Weinheim und Basel.

Wagner, Yvonne (2017): 50 × naturwissenschaftliche Erfahrungen zum Beobachten und Dokumentieren im Kindergarten. Mülheim: Verlag an der Ruhr.

Walter, Melitta (2005): Jungen sind anders, Mädchen auch. Den Blick schärfen für eine geschlechtergerechte Erziehung. Kösel-Verlag: München.

Wissenschaftliche Dienste des Deutschen Bundestages (2009): Bundes- und landesrechtliche Voraussetzungen zur Erteilung einer Betriebserlaubnis für privat-gewerbliche Träger von Kindertageseinrichtungen. Link: https://www.bundestag.de/resource/blob/411988/e6dd5821fa186b8c66aa0b604f66c91c/WD-9-045-09-pdf-data.pdf (aufgerufen am 09.03.2021).

Wuckelt, Agnes/Fromme-Seifert, Viola M. (2016): Abschlussbericht „Religionspädagogik im Elementarbereich" zum Forschungsprojekt Religionspädagogik im Elementarbereich – Eine Längsschnitt-Fallstudie zur religiösen Entwicklung junger Kinder sowie zur religionspädagogischen Professionalität pädagogischer Fachkräfte. Katholische Hochschule Nordrhein-Westfalen: Aachen, Köln, Münster, Paderborn. Link: www.katho-nrw.de/fileadmin/primaryMnt/Lehrende/Abschlussbericht_Religionspaedagogik_im_Elementarbereich.pdf (aufgerufen am 09.03.2021).

Empfehlenswerte Bilderbücher für Kinder

Angel, Frauke (2019): DISCO! Illustriert von Julia Dürr. Jungbrunnen Verlag: Wien.

Brichzin, Kerstin (2018): Der Junge im Rock. Illustriert von Igor Kuprin. Minedition: München.

Cave, Kathryn (1994): Irgendwie anders. Illustriert von Chris Riddel, übersetzt von Salah Naoura. Verlag Friedrich Oetinger: Hamburg.

Cole, Babette (1987, 2005, 2020): Prinzessin Pfiffigunde. Übersetzt von Ute Eichler, Carlsen Verlag: Hamburg.

Falconer, Ian (2014): Olivia ist doch keine Prinzessin! Übersetzt von Monika Osberghaus, Verlag Friedrich Oetinger: Hamburg.

Fiske, Anna (2019): Alle haben einen Po. Übersetzt von Ina Kronenberger. Verlag Hanser. Berlin.

Funke, Cornelia (1997): Prinzessin Isabella. Illustriert von Kerstin Meyer. Verlag Friedrich Oetinger: Hamburg.

Hoffmann, Brigitte (2011): Meine Freundin, die ist Ingenieurin. Hamburg: Carlsen Verlag GmbH.

Howley, Jonty (2020): Männer weinen. Zuckersüß Verlag: Berlin.

Jeschke, Mathias (2011): Ein Mann, der weint. Illustriert von Wiebke Oeser. Hinstorff Verlag: Rostock.

Lindenbaum, Pija (2009): Paul und die Puppen. Illustriert von Birgitta Kicherer. Julius Beltz Verlag: Weinheim.

Lisicki-Hehn, Anna (2019): Max findet einen Freund. Selbstverlag.

Lobe, Mira (1972): Das kleine Ich bin Ich. Jungbrunnen Verlag: Wien.

Love, Jessica (2020): Julian ist eine Meerjungfrau. Übersetzt von Tatjana Kröll. Knesebeck Verlag: München.

Munsch, Robert/Nyncke, Helge (2000): Die Tütenprinzessin. Oldenburg: Lappan Verlag.

Olten, Manuela (2012): Echte Kerle. Weinheim: Beltz & Gelberg.

Onano, Maurizio (2019): Alles rosa. Jaja-Verlag: Berlin.

Sánchez Vegara, Marìa Isabel (2020): Simone de Beauvoir. Little People, Big Dreams. Illustriert von Christine Roussey, übersetzt von Svenja Becke. Insel Verlag: Berlin.

Sánchez Vegara, Marìa Isabel (2019): Marie Curie. Little People, Big Dreams. Illustriert von Frau Isa, übersetzt von Svenja Becker. Insel Verlag: Berlin 2019.

Simonetti, Riccardo (2019): Raffi und sein pinkes Tutu. Illustriert von Lisa Rammensee. Community Editions: Köln 2020.

Thumser, Anette (2020): Heinrich will brüten. Illustriert von Nikolai Renger. Magellan Verlag: Bamberg.

Vollmert, Julia (2019): Du gehörst zu uns oder Jeder ist ein bisschen anders. Albarello: Haan.

Walton, Jessica (2016): Teddy Tilly. Illustriert von Dougal MacPherson, übersetzt von Anu Stohner. S. Fischer Verlag/Sauerländer: Frankfurt.

Hilfreiche Seiten im Internet

Genderdings: Website von Dissens – Institut für Bildung und Forschung e. V.

Genderloops (Männer in Kitas): Website von Dissens – Institut für Bildung und Forschung e. V. zum Projekt Gender Loops

Gender-NRW: Website von FUMA Fachstelle Gender & Diversität NRW (mit Erklärvideos)

Fachstelle Kinderwelten: Website zum Thema „Vorurteilsbewusste Bildung und Erziehung©"

Koordination Männer in Kitas: Website für die Gewinnung männlicher Fachkräfte

MeinGeschlecht: Das Portal für junge trans*inter* und genderqueere Menschen

Pinkstinks: Website einer Protest- und Bildungsorganisation gegen Sexismus und Homofeindlichkeit

Queerformat: Website der Fachstelle „Queere Bildung"

ReachOut Berlin: Website mit Broschürenangebot, etwa zum Thema „Grundlagen für eine diskriminierungsfreie Pädagogik"